だいわ文庫

孤独になれば、道は拓ける。

千田琢哉

大和書房

はじめに──「孤独」とは何か？

「千田さんは孤独が好きだというけれど、まったく寂しさを感じない」

私は、これまでサラリーマン時代を含めて現在に至るまで親しくなった人ほぼ全員からそう言われ続けてきた。

孤独なのに寂しさを感じさせない理由は簡単だ。

孤独のありがたみを心底知っているからだ。

人間の本能として、孤独になると寂しさを感じるには違いないが、人と群れる時の苦痛と比べれば、限りなくゼロに近い。

群れることによって得られる悦《よろこ》びと比べると、孤独から得られる悦びは無限大だ。

記憶を遡《さかのぼ》るとこんな私にも群がっていた時期はある。

否、正確には群がらざるを得なかった時期がある。

学生時代やサラリーマン時代がその典型だ。

特にサラリーマン時代には職業柄3000人以上のエグゼクティブたちや1万人以上のビジネスパーソンたちと対話してきた。

エグゼクティブ向け経営セミナーの実行責任者として、ゲスト講師たちや参加者である社長たちと、数え切れないほど一緒に仕事をしたし、寝食も共にしてきた。

経営コンサルティング会社に勤務していた頃は、部下を何人か引き連れて顧問先企業に常駐してプロジェクトを進行していた。

出張先のホテルでもプロジェクトメンバーが私の部屋に集まって、深夜まで進捗状況の情報共有と打ち合わせを繰り返した。

その瞬間、瞬間は楽しかったし、一点の曇りもなくやりがいに満ちた人生だったが、ある瞬間に私の中で何かがパチンと弾けた。まるで啓示を受けたかのようだった。

迅速に環境が整えられ、私は自然と孤独になることを選んだ。

選んでみると、人生が好転していることに気づかされた。
孤独になればなるほどに、自分の思い通りの人生が創られていったのだ。
孤独になれば、すべての道は拓《ひら》ける。
これは決して過言ではない。
本書に書いてあることをぜひ一つでも二つでも試してみてほしい。
必ず、君は何かを手にすることになるはずだ。

南青山の書斎から　千田琢哉

孤独になれば、道は拓ける。

目次

1 孤独になると自信がつく

2

孤独になると本物が見えてくる

3 孤独になると時間が増える

4

孤独になるとお金が増える

5

孤独になると友人が変わる

6

孤独になると変化したくなる

7

孤独になると人生が変わる

8

孤独になると道が拓ける

1

孤独になると自信がつく

自分のことを、
この世の誰とも比べてはいけない。
それは自分自身を侮辱する行為だ。
By ビル・ゲイツ

No. 01

落ちこぼれたからといって、群れない。

学校や会社で落ちこぼれると、人はつい群れたくなる。

不良や暴走族が群れるのは、自分たちが落ちこぼれたことを一番よくわかっているからだ。社会の弱者としてなめられないように、身を寄せ合って虚勢を張っているのだ。

窓際に追いやられた先輩が群れるのは、自分たちが会社の負け組であることを悟っているからだ。組織の弱者としてなめられないように、身を寄せ合って虚勢を張るために集合するのだ。

早合点してはいけないが、落ちこぼれるのは仕方がない。

私も数々の分野で落ちこぼれてきたし、数え切れないほど何かを断念し続けてきた。

誰にだって向いていない分野はあるし、どんな分野においても努力だけでは永遠に越えられない壁というものがあるからだ。

だが落ちこぼれ同士が群れるのは、ただ醜いだけだ。

窓際族同士が群れて義務を果たさず権利を主張すると、組織に腐敗臭をまき散らすことになる。

補欠の先輩同士が群れるのは、組織にとってがん細胞になる。

綺麗事を抜きにすると、落ちこぼれたということは、その分野において「弱者」ということだ。

ここに議論の余地はない。

自分が弱者という事実を受容したら、群れるのではなく、飛び出すのだ。

群れから飛び出すと、最初は必ず孤独になる。

ところが孤独になると、同じ実力でも評価が高くなる。

同レベルの弱者からの評価はガタ落ちだが、強者から見た評価は高くなるのだ。

群れた弱者はまとめて処分されるが、孤高の弱者は応援してもらえるのだ。

No. 02

群れるほど、エネルギーを消耗する。

仮に、あなたが今いる場所で弱者だとする。

その場合、群れれば群れるほどにますます弱くなっていくことだけは、忘れないことだ。

なぜ群れれば群れるほど弱くなっていくかといえば、行動力が鈍るからだ。

人は、大勢で群れていると、悪口を言うことで口からエネルギーを発散してしまう。

弱者同士でヒソヒソ話なんてしてもなんら生産性はないのだが、これは本能だから仕方がない。

だが、本能にまかせておくと人は必ず集まって陰口で発散し、行動に移すだけのパワーを失ってしまう。

だから、ますます弱くなり、ますます群がり、悪口に精を出すようになる。

こうして弱者は負のスパイラルに突入して永遠に抜け出すことができなくなるのだ。

この話を聞いてドキッとした人は、まだ見込みがある。

悪口で口からエネルギーを発散するのではなく、一度グッと堪《こら》えて行動に移すのだ。

悪口をどれだけ面白く話せても周囲から見下されるだけだが、何か行動を起こせば必ず一目置かれる。

「アイツはガリベンだね」と悪口を言う連中より、実際にガリベンしている人間のほうが、将来は成長する。

「あの人はゴマすりだね」と悪口を言う連中より、実際にゴマをすっている人間のほうが遥かに仕事ができて、出世していくものだ。

もちろんここではガリベンやゴマすりの推奨をしているのではない。

どんな分野でもいいから悪口を言う側ではなく、悪口を言われる側になれということだ。

こうして本を読んでいる間は「なるほど」と思っていても、現実に戻ると人は脆《もろ》い。

ただ、悪口を言っている連中の将来は、目も当てられないほど惨《みじ》めだということは断言しておく。

No. 03

人に使われているうちは、本物の自信は永遠に獲得できない。

本物の自信というのは、自立していなければ絶対に獲得できない。

人に使われているうちは、厳密には自立していると言えない状態だ。

それは仕事に対する姿勢に表れる。

私はサラリーマン時代から現在に至るまで、多くのインタビューを受けてきたが、インタビュアーはたいてい二人でやってくる。

一人は出版社に勤務しているサラリーマンで、もう一人はフリーランスのライターだ。

出版社のサラリーマンがフリーランサーに依頼して原稿をまとめてもらうのだ。

概して感じるのは、サラリーマンは準備不足で、振る舞いのレベルも低いということだ。

これに対してフリーランサーは命がけで準備しており、振る舞いのレベルが高い。

だから私はサラリーマンからインタビューを受けるのが苦手だ。

本人は悪気がないかもしれないが、能力も人格も低いハズレの人に書斎にやって来られると、それだけで一日が台無しになってしまう気がするからだ。

サラリーマンが私の書斎で潰していった時間を私の時給に換算すると、彼らの月給より高いのだ。

フリーランサーはこのあたりの計算が完璧にできているから、ムダ話は一切しない。

約束時間の5分前にインターフォンを鳴らし、約束時間の5分前にインタビューを終了する。去り際もすこぶる美しい。

インタビュー結果もスピーディーに送られてくるし、文章からも、同じように一人で闘うプロとして、相手への敬意がひしひしと伝わってくる。

サラリーマンはどうかと言えば、たいていはこれらの逆を平然とやらかす。

フリーランサーも最初からプロだったわけではないはずだ。**人に使われている感覚ではとても生きていけないと、どこかで自立心が芽生えたのだろう。** **その覚悟が自信をつくっていくのだ。**

以上を読んであなたが「このままではヤバい」と感じたのなら、将来が楽しみだ。

No. 04

あらゆる業種業界のトップには、ゴルゴ13がいる。

あなたが今いる場所で真のトップを調べてみよう。

マスコミに公開された表向きのトップではなく、さらに突っ込んだ「本物のトップ」である。

本物のトップは人の多い組織にいるのではなく、すべて個人のはずだ。

世界の金融業界のドンは、超大手金融機関のCEOではなく、個人だ。

米国大統領を遥かに凌《しの》ぐ権力者は、個人だ。

あらゆる業種業界のトップに、ゴルゴ13が君臨していると考えるとわかりやすい。

ゴルゴ13は一国の軍隊に匹敵するとされているが、正確には一国の軍隊より強い。

1

孤独になると自信がつく

なぜなら群れた瞬間、人はスピードが鈍るからだ。

組織として群れると、頭（リーダー）と体（メンバー）が乖離《かいり》せざるを得ない。

リーダーがいくら緊急指令を出しても、メンバーが「本当にやるんですか？」「質問が三つあります」とモタモタしているうちにゴルゴ13に瞬殺されてしまうのだ。

しかも、人は群れると必ず依存心が芽生えてくる。

実は組織ではこの依存心こそが最大の曲者《くせもの》だ。どうあがいても、戦力が1＋1＝2のはずが2未満になってしまうのは避けられない。

サラリーマン経験者なら誰もが理解できるように、「自分がやらなくても誰かがやってくれるだろう」「あれは自分の責任じゃない」とウダウダ言っているうちに、ゴルゴ13に瞬殺されてしまうのだ。

もちろん世界レベルではなく、日本国内レベルの話でもこれは同じだ。

日銀総裁も内閣総理大臣も、真のトップではない。

それぞれの世界の頂点に君臨する、ゴルゴ13のような圧倒的な存在の個人には、組織のトップは頭を下げざるを得ないのだ。

誰にでもわかりやすい「群れの頂点」は、「本物の頂点」には程遠いということだ。

職業は違っても、あなたもゴルゴ13から学べることは多いはずだ。

No.05

「大企業勤務」は、「大きなお屋敷」の召使と同じこと。

いつも不思議に思うのが、大企業に勤務していることに必要以上のプライドを持っている人間が多いということだ。

自己紹介をすると、たいてい社名の部分に力を込めて発言する。私が相手の会社名など聞こえなかったふりをして、何事もなかったかのように接すると、相手がキョトンとしてしまうから面白い。

自己紹介で「一応、こう見えて東大卒です」と言うと、周囲も社交辞令で「おぉ〜」と場を盛り上げてくれるように、「一応、○○商事です」「一応、○○省です」と言えば、相手に驚いてもらえると思って、自分からわざわざ一拍置いてしまうのだ。

私にもサラリーマン経験があるから、会社の看板の力は理解しているつもりだ。

だが、力があるのはあくまで会社の「看板」なのであって、そこに勤めている個人ではない。

これを憶《おぼ》えておかなければ、周囲からは滑稽《こっけい》に見えるだけだ。会社の看板を強調すればするほど、連呼すればするほど、実際よりも小粒の人間に見えてしまう。

時代を遡れば、企業に勤務するということは、お屋敷の召使として生きるのと同じ構図であることがわかるだろう。

大企業勤務ということは、いわば大きなお屋敷の召使だということだ。

中堅企業勤務ということは、いわば中くらいのお屋敷の召使だということだ。

中小企業勤務ということは、いわば小さなお屋敷の召使だということだ。

規模に違いはあっても、召使であることには何ら変わりはない。

ただし、召使は召使として誇り高く生き抜けば、それはそれで素晴らしい。

自己紹介では会社の看板に深く感謝しながら、やや遠慮がちに名乗るくらいでちょうどいい。

会社の看板に頼らなくてもいい仕事ができる個人は、言動が控えめなものだ。

No.06

「有名人と知り合い」を連呼すると、小粒に見える。

群れの中にいると、必ず「私、有名人の○○と知り合い」と注目を集めたがる人がいる。

話の流れに乗れないから、何か突拍子もないことを口にして、自分の話を聞いてもらおうという姑息《こそく》な手段だ。

そもそも群れの中にいるような弱者が、孤高の有名人と知り合いのはずがない。

よく話を聞いてみれば、「友人の友人が……」とか、「数年前に名刺をもらったことがあって……」といった、「知り合い」と呼ぶには程遠い関係だったりするものだ。

「知り合い」というのは文字通り自分が相手のことを一方的に知っているだけではなく、相手も自分のことを知っている関係のことだ。

仮に大手広告代理店や大手出版社に勤めていて、芸能人や著名人と一緒に仕事をしたとしても、「知り合い」と呼ぶにはかなり無理がある。

「知り合い」と呼ぶからには、周囲から見て対等な関係か、少なくとも実力が接近していなければ違和感が生じるからだ。

百歩譲って広告代理店や出版社の社長が、芸能人や著名人と「知り合い」と言うのなら、「そうかもしれないな」と納得できる。

だが、普通のサラリーマンが「知り合い」と連呼すれば、それだけで小粒に見えてしまう。

「自分を大きく見せるために虚勢を張っているのだな」と見透かされるだけだ。

正確には、「会社」が有名人と「知り合い」であり、たまたま仕事で担当になっただけなのだ。

注意したいのは、あちこちで「知り合い」と吹聴《ふいちょう》されている本人は、迷惑千万に感じているということだ。

さらに注意しなければならないのは、あなたが「有名人の○○と知り合い」と自慢している目の前の人物こそが、その○○と本当の親友というケースもあるということだ。

恥ずかしい結果は目に見えている。

No. 07

群れたままでは、才能は開花しない。

コピーライターやプロデューサーなどの天才クリエイターと呼ばれる人々や、超人的な頭脳を持つ経営コンサルタントたちの共通点は、組織から飛び出していることだ。

なかには組織のトップまで上り詰めておきながら、わざわざ途中で退任して起業した人もいるくらいだ。

どうして安定した地位と収入を捨ててまで組織を飛び出すのだろうか。

答えはいたってシンプルである。

群れたままでは、才能が開花しにくいからだ。

もちろん、組織にはいい部分もたくさんある。

独りでは到底できないことも、組織ならできることは多い。

独りでは時間がかかることも、組織ならすぐに実現できる。

ところが才能だけは、組織に埋もれていては殺されてしまうのだ。

なぜなら自分がオーナーでもない限り、既存の組織には必ず「出る杭を打とうとする力」が働くからである。

組織にいる限り、出る杭を打とうとする力をゼロにすることは絶対にできない。

これはあなたが逆の立場になればすぐにわかることだ。

あなたの身近にここ最近突出した才能を開花させようとしている同僚がいるとしよう。

あなたは最近結婚して、定年まで払い続けなければならない目一杯のローンを組んで、そこそこの立地にそこそこのマンションを購入したところだとする。

その同僚が先に出世すれば、必然的にあなたの出世は遅れるし、いずれあなたは彼の部下になるわけだ。

そうなると人間関係もギクシャクしてきて、数年後には左遷《させん》される可能性もある。

ひとつの組織にいる限り、同僚が才能を開花させるのを心から祝福できるはずがないのだ。

以上が各業界で突出した天才たちが組織を飛び出す本当の理由である。

No.08

裸の体が、土壇場の踏ん張りになる。

独りでいても貧弱に見える人と、凛々《りり》しく見える人がいる。

それは、裸の体がどれだけ鍛え抜かれているかの違いではないだろうか。

貧弱に見えるのは、体が貧弱だからだ。

凛々しく見えるのは、体が強靭《きょうじん》だからだ。

女性でも体に自信がないと、どこか引け目を感じるはずだ。

裸の体に自信が持てると、いざとなった際に踏ん張れる。

私はこれまで「筋トレ」をテーマにした本を2冊出してきたが、人がなぜ筋トレするのかといえば、体こそが自信の源泉だと本能的に察知しているからだ。

いくら外見を着飾っても、必ず周囲からは裸の状態を見抜かれているものだ。

男性で体中にアクセサリーをつけまくっているのは、お洒落だからではなく単に肉体に自信がないからだ。

痛々しいほどにでかいピアスをつけたり、これ見よがしにタトゥーを入れたりするのはお洒落ではなく、肉体的に自信がないために必死で威嚇《いかく》しているのだ。

格闘家も、勝てなくなってくると体中にタトゥーが増えてくるケースが多い。

ここで大切なことは、そうした人を見てアレコレ思うのではなく、自分ならどうするかを考えることである。

独りでいても凛々しく見えるためには、つべこべ言わず、まず体を鍛えることだ。

貧弱に見える人間が独りでいると、ただ「友達がいないんだな」と同情されてしまうが、凛々しく見える人間が独りでいると「独りが好きなんだな」と評価が上がる。

まずは独りでいても見栄えのする体をつくることだ。

見栄えのする体でいると、群れるのがバカバカしいと思えてくる。

自分がその他大勢に埋もれることに耐えられなくなってくるのだ。

No.09

強いということは、孤独だということだ。

あなたは漫画『グラップラー刃牙』を読んだことがあるだろうか。

もしまだ読んだことがないのなら、休日に漫画喫茶に籠《こも》ってでも読破してもらいたい。

ストーリーは、地上最強を目指す男たちが世界中から集い、死闘を繰り広げながら一番強い男を決める物語だ。

周囲の何人かの女性にも薦めたことがあるが、すこぶる好評だった。

『グラップラー刃牙』を読むと、強いということが綺麗事ではなく、心から理解できるようになる。

強いということは、孤独だということだ。

弱いということは、群れるということだ。

ここに反論の余地はない。

この漫画の中で、地上最強とされる範馬勇次郎《はんまゆうじろう》という、一国の軍隊に匹敵する豪傑《ごうけつ》がいる。

漫画の中では完全に悪役だが、とにかく強い。

「ここまで強ければ、どんなに間違っていても許せてしまう」というくらいに強い。

「弱い善より強い悪に人は憧れる」という人間の本能を見事に描き切っているのだ。

地上最強の範馬勇次郎は間違っても群れない。

いつも独りで登場して、独りで去って行く。

範馬勇次郎だけではなく、範馬勇次郎に挑戦する数々の猛者《もさ》もいつも独りだ。

たまに脇役で登場するチンピラや不良の雑魚キャラたちがいつも群れているのとは対照的だ。

勘違いしてはいけないのは、強いから孤独でいられるのではない。

孤独でいたから自己を鍛錬して強くなれたのだ。

雑魚キャラコースと強者コースのどちらを選ぶかは100%あなたの自由だ。

多くの人々が選んでいる雑魚キャラコースも、ひょっとしたら楽しいのかもしれないということも、一応付け加えておこう。

No.10

群れる虚しさを体感するためにも、とことん群れる時期があっていい。

私自身もそうだが、孤独を満喫している人たちの話を聞くと、それまでの人生で必ず群れていた時期があったことがわかってきた。

ある著名作家はもともとジャズ喫茶を経営していて、いつも愚痴の聞き役だったという。

連日膨大な数の人々の愚痴を聞いてインプットし続けていたのが、今度はアウトプットする側になったというわけだ。

現在は日本を離れて海外で生活しているが、ごく限られた人としか接することはなく、マスコミのインタビューもほとんど受け付けていないという。

こうした例の他に、私がサラリーマン時代に出逢った成功している起業家たちも、孤独をこよなく愛する人が多かった。

滅多に会社に出社しない人もいたし、仮に出社しても社長室で独り静かに過ごす人も多かった。

そんな彼らに話を聞いてみると、起業する前には営業マンやサービスマンをやっており、もう群れるのはこりごりだと口をそろえていた。

正確には先ほどの作家も、起業家たちも、群れていた時期はそれなりに充実していたが、ある瞬間に何かが弾けたというのが共通のきっかけのようだ。

私の体験から言えば、自分の夢の片鱗《へんりん》が叶《かな》いかけた頃に、その瞬間が訪れるように思う。

もともと文筆家として生きていきたかった私は、サラリーマン時代に処女作が世に出た瞬間、自分の中で何かが弾けた。

それまで連日パーティー三昧《ざんまい》、打ち合わせ三昧、面談三昧で群れる人種の最たるもののような人生を送っていたが、まるで糸が切れた凧のように自由に生き始めた。

どうでもいい人と会うのが死ぬほど苦痛になった。

どうでもいい人と会うくらいなら、1秒でも早く夢を叶えるために寿命を費やしたくなった。

換言すれば、散々群れまくっていたからこそ今があるということだから、感謝しているくらいだ。

2

孤独になると本物が見えてくる

孤独は優れた精神の持ち主の運命である。

By ショーペンハウアー

No.11

孤独になると、感性が研ぎ澄まされる。

本気で感性を研ぎ澄ましたければ、今すぐ孤独になることだ。
群れから飛び出して孤独になれば、誰もが１００％体験できることがある。
それは喜怒哀楽が激しくなることだ。
群れの中で騒いでいる間には感じられなかったことに気づくようになる。
群れの中にいる間は1の喜びだったのが、10の喜びになる。
群れの中にいる間は1の怒りだったのが、10の怒りになる。
群れの中にいる間は1の哀しみだったのが、10の哀しみになる。
群れの中にいる間は1の楽しさだったのが、10の楽しさになる。
すべてにおいて人生の桁《けた》が変わるのだ。
たとえばあなたが脱サラしてサービス業を営むことになったとしよう。

魅力的な店があれば自腹で何度も通って何かを吸収しようと思うだろうし、タクシーに乗車しても運転手から何か情報を聞き出そうと貪欲になるに違いない。

ほんの些細《ささい》な驚きや変化を逃さずに、自分のビジネスに活かせるヒントを血眼《ちまなこ》になって探すはずだ。

反対に、サラリーマン時代には気にも留めなかったコンビニのレジ係の対応や、飲食店の店員の「ありがとうございました」の声の大きさやお辞儀の深さが気になり始める。

ひょっとしたら行きつけの美容室の接客に不満を募らせて、店を替えることになるかもしれない。

感性が研ぎ澄まされるというのはこういうことだ。

ランチタイムに集団でゾロゾロ群がっている連中は、低レベルの感性だから仕事もできない。

ランチタイムくらいは群れを出て、独りランチができるようになることだ。

「独りランチ」が様になってきて、初めてデキる大人の仲間入りなのだ。

No. 12

ダサい人と一緒にいると、ダサい人生で終わる。

コンサルタント時代は様々な会社に入り込んで仕事をさせてもらった。

現在は主に様々な出版社と仕事をさせてもらっている。

それらの経験を踏まえた上で断言できるのは、**ダサい集団にいると人は必ずダサくなるという真理だ。**

どんなにイケてる人でも、ダサい集団にいると1年もすればすっかりダサくなる。

あらゆる業界で会社のランキングは存在するが、業界上位の会社と業界下位の一番の違いはセンスなのだ。

たとえば出版業界でいうと、上位も下位も学歴には思ったほど差がない。

上位出版社にも二流私立大卒はたくさんいるし、下位出版社にも一流国立大卒がいる。

だがかなりの確率で上位が外さないのは、服装や振る舞い、それとなく醸し出す空気といったセンスなのだ。

これは何も出版業界に限った話ではない。

自分は業界上位で働いているという自信もさることながら、周囲にいる同僚と切磋琢磨して、センスが磨かれていることが大きいのではないだろうか。

よりわかりやすく下世話なたとえ話をしよう。

丸の内や銀座、青山界隈《かいわい》ではちょっと近所のコンビニに行く際にも、ちゃんとした服装でなければ浮いてしまう。

これに対して地方だとジャージ姿にサンダルでコンビニにやってくるのは珍しくなく、下手をすると夏場に「それ、トランクスじゃないの？」という姿で登場する豪傑もいる。

現に私は地方出身者だし、サラリーマン時代に様々な地方都市で長期滞在したが、今世紀に入ってからも上半身裸やパジャマ姿でコンビニに登場した人々を目撃している。

きっかけはすべて「このくらいならいいよね」という妥協から始まる。

「これくらいならいいよね」の基準は、普段あなたの隣に座っている顔ぶれで決まるのだ。

No. 13

無意識に「安くていいもの」を探す姿勢が、ダサいということ。

断言しよう。

この世に「安くていいもの」は存在しない。

「適正価格でいいもの」なら存在する。

適正価格とは、その商品がすでに市場に広く受け入れられて、その他の類似商品の価格設定の基準として考えられるようになることである。

たとえば正露丸やオロナインといった商品は適正価格だと言えるから、その他の類似商品は正露丸やオロナインの価格を基準にプライシングをするはずだ。

適正価格より明らかに安いということは、必ずそこに理由があるということだ。

適正価格より明らかに高いということは、必ずそこに理由があるということだ。

お金を払うのは消費者だから、決定権は消費者にある。

それを踏まえた上で言うなら、あなたが得するために「安くていいもの」を探そうとしているなら、それは最終的に一番高くつくからやめたほうがいいということだ。

「安くていいもの」を探すと、必ず損をするようになっているのだ。

粗悪品を摑まされたり、効果がなくて結局もう一度適正価格の商品を買い直さなければならなかったりする。

クレームを入れると、対応が悪かったり、既に会社が倒産していたりする。

なぜこうなるのかといえば、安いということは人件費と原料費が安いということだ。

そうでなければ価格を安くすることはできないからだ。

安くこき使われている従業員たちが安い原料で作った結果として、商品は安くなるのだ。

無意識のうちに「安くていいもの」を探してしまうのは、あなたがダサいからだ。

「安物」には必ず「安者」が引き寄せられてウジャウジャ群がってくるからわかりやすい。

ただし、適正価格より明らかに高い商品にも注意が必要だ。

まだ市場で結論が出ていない証拠であり、言葉巧みに騙《だま》される可能性もある。

No. 14

どんなに美人でも三人組になった途端、マナーが低下する。

高級ホテルの喫茶ラウンジやレストランをじっくり観察していると面白い。

女性三人組は、たいてい店内の目立たない場所に案内されるからだ。

超高層ホテルの場合、窓際に案内されると「やった！」とはしゃぐ人が多いが、必ずしもいい席に案内されたとは限らない。

一見《いちげん》さんに見えたために、地方に帰って悪評を撒《ま》き散らされてはいけないと判断されたのかもしれないし、騒がしそうだからなるべく他のお客様の迷惑にならないように端へと追いやられたのかもしれない。

とりあえず面倒くさそうな人は窓際に案内しておけばクレームが出にくいのだ。

念のためホテルやレストランの世界にも模範解答というのがあって、お洒落なお客様は入り口から見て比較的目に入りやすい場所に案内されることが多い。

中でも店の真ん中付近にオブジェや花が飾ってあれば、その傍《そば》が特等席ということだ。

お洒落なお客様にお洒落な場所に座っていただくことによって、店全体の格式を上げるためだ。

お洒落な場所に下品なグループを座らせて騒がれると、店全体の格式が下がってしまうからだ。

その下品なグループの典型が女性三人組というわけだ。

どんなに美人でも三人組になった途端、マナーが低下して騒がしくなる。

必ずその場にいない誰かを生贄《いけにえ》にして、愚痴・悪口・噂話で盛り上がる。

愚痴・悪口・噂話で盛り上がっている女性たちの表情は、例外なく醜い。

騒がしい上に醜い女性たちがそこにいるだけで、周囲にいるお洒落なお客様たちはもう二度とその店には来なくなってしまうのだ。

お洒落なお客様たちは下品なグループに腹を立てるのではなく、下品なグループの傍に座らせた店の感性の鈍さに対して腹を立てるのだ。

No.15

群れるということは、男性ホルモンが希薄な証拠。

もしあなたが一人の男性として成長したいと考えるのであれば、群れている男達からは距離を置くことだ。

群れているということは、男性ホルモンが希薄な証拠だからである。群れるというのはもともと極めて女性っぽい行為なのだ。

女性は共感を求める本能が強いから、集団に賛成してもらいたがる。本当に賛成してもらわなくても、ふりでもいいから頷《うなず》きながら最後まで話を聞いてくれるだけで幸せを感じるのが女性だ。

そして男性と比べれば肉体的にも弱いから、身を寄せ合って群れやすいのが女性だ。

それに対して男性はもともと簡単に共感されたくない生き物だ。

たとえば鉄道模型に没頭している男性に対して、女性が気軽に「わかる、わかる！」などと頷こうものならひどく気分を害するだろう。

彼にしてみれば、「自分の世界をそんなに簡単に理解されてたまるか！」というわけである。

あるいは歴史オタクに対して、女性が悪気なく「あ、それなら私も知ってる～」などと言おうものなら憤慨《ふんがい》するだろう。

彼にしてみれば、「自分はもっと深い部分で織田信長について語っているんだぞ！」というわけである。

それに腕力や権力のある強い男には、基本的に敵と手下しかいない。

これは石器時代から現在に至るまで本質的に変わっていない。

つまり男性ホルモンの塊のような男は、絶対に群れないのだ。

かつて「日本で一番セクシーなのは（ワンマン経営の）中小企業のオヤジだ」と言った女性作家がいたが、これは見事に本質を衝《つ》いている。

孤独だということは、もうそれだけでセクシーなのだ。

No. 16

ブランドショップに独りで入れるようになって、一人前。

私は一緒に仕事をする相手によく「ブランドショップに独りで入ったことある？」と、質問してみる。

ほとんどの人は一度も独りで入ったことはないか、仮にあってもぶらりと歩いてすぐに飛び出してきたというのが実態のようだ。

多くの人は、カップルや友人と一緒なら入れても、独りだと尻込みしてしまう。

もしあなたが本気で一流の感性を磨きたければ、まずは独りでブランドショップに入れるようになることだ。

もちろん店員から軽く見られてなめられることもある。

話しかけても、まともに相手にしてくれないこともあるかもしれない。

だがそれを乗り越えてでも、ブランドショップに独りで入れるように訓練する価値はある。

まず何事に対しても物怖《ものお》じしない勇気が身につく。

次に初対面の相手になめられないような服装や振る舞いが身につく。

最後に一流品についての一次情報を肌で感じることができる。

とは言うものの、最初の一歩がどうしても踏み出せないという人もいるだろう。

そんな人のために背中を押す知恵をいくつか提供しておきたい。

まずブランドショップの店員というのは、特別なお金持ちでもエリートでもないことを知っておくことだ。

就活で苦労した、あなたと同じごく普通の人材が、なめられないような振る舞いを訓練してきた結果、厳かな雰囲気を醸し出すのに成功しただけなのだ。

そこから学ぶべきことは多いが、あなたが引け目を感じる必要は毛頭ない。

来店のきっかけは「今すぐというわけではないが、いつかのご褒美として考えている」でいい。

服装については他の来店客を参考にして、一つずつ改善していけばいいだろう。

No. 17

寿司屋や焼肉屋に平然と独りで入れるようになると、素敵な女性と出逢える。

男性なら寿司屋や焼肉屋に独りで入れるようにすることだ。

私もよく寿司屋や焼肉屋に独りで入るが、周囲に独りでいるのは成功していると見られる身なりで、たいてい有名人や組織のリーダーたちだ。

一方、女性で寿司屋や焼肉屋に独りで入れる人となると、極端に少なくなる。

私がこれまで寿司屋や焼肉屋で独りの女性を見かけたことは、数えるほどしかない。

もちろんそれなりの店での話だが、今でも鮮明に顔が思い浮かぶくらいだ。

共通点は、すべていい女ばかりだったということだ。

彼女たちを見て「どうしてこんなにいい女が独りで⁉」と誰もが思うのは間違いない。

街を歩いていても、畏れ多くて気軽に声をかけられないようなレベルのいい女なのだ。

でも、**こうした店では、お互いに独り同士ということで、話すきっかけをつかむことができる。**

彼女たちから学んだことは、彼女たちも最初から平気で独りで入っていたのではなく、独りで店に入ることに挑戦するうちに、いい女へと成長したということだ。

たとえば独りだと待ち時間に話し相手がいないから、本を読むようになる。

本を読む横顔が、より一層輝いて知的に見える。

本を読んでいるうちに本当に知的になるから、外面も内面も磨かれる。

独りだと騒がないし、長居しないために店からも好かれる。

独りだと他の来店客の振る舞いをじっくり観察できるから、いい部分は自分に活かすことができる。

このように人が独りで行動するのは、成功者になるための必須条件なのだ。

最後に「実はこれが一番の特典だけどね……」とそっと教えてもらったことがある。

いい女は独りでいたほうが、いい男から声をかけられやすいということだ。

No.18 友だちの多い女はさげまん。友だちの少ない女があげまん。

男として生まれてきたからには、何が何でもあげまんと結ばれなければならない。

どんなに才気溢れる男性でも、さげまんに関わったらご臨終なのだ。

これまでに数多くの経営者や政治家と関わってきたが、彼らのこれまでの成功がまるで嘘のように急激に運気が下がる瞬間があった。

それがさげまんに関わった時期と見事に一致したのだ。

懺悔《ざんげ》本や暴露本を読んでも、成功者が落ちぶれる陰にはほぼ１００％さげまんの存在が確認できる。

あげまんとさげまんには相違点が多いが、一瞬で判別できる方法がある。

友だちの多い女性はさげまんで、友だちの少ない女性はあげまんだ。

採用面接で友だちの多さをアピールする女性がいたら、即不採用でいい。

女性というのは本来一途な生き物であり、自分の運気を「これだ！」と直感した男性にすべて捧げたいと思う本能が備わっているものだ。

知人の運命学者によると女性はもともと運気の塊であって、それを自分の本命の男性に全部注ぐのが役割なのに、分散させてしまっては役割を果たしていないことになるらしい。

運気は同性も異性も関係なく、ただ群れているだけで分散されてしまうという。

運命学者の教えに従い、私もこれまでに出逢ってきた女性たちを自分なりにあげまんとさげまんに分類してみたが、あげまんは確かに友だちが少なく、さげまんは友だちだらけだった。

あげまんをより正確に言えば、異性は本命一本、同性の親友も最大二人までだった。

さげまんをより正確に言えば、異性はセフレ多数、同性は知人が無尽蔵にいた。

あげまんを選ぶかさげまんを選ぶかは、１００％あなたの好みの問題だ。

No. 19

判断までは群れてもいいが、決断までは群れない。

何かを判断するために、周囲に意見を仰ぐのはいいことだ。

私の知る官僚出身の元大物政治家は、いつも弁護士を二人雇っていた。

一人は模範解答弁護士で、顧問料はすこぶる安く、いつもすぐに相談が終わっていた。

もう一人は法律の抜け道を教えてくれる弁護士で、顧問料は桁違いに高かった。

判断というのは、あくまでもどちらが正しいか、どちらが得をするかという正誤問題と同じだから、できる限り優秀な人材に相談するに越したことはない。

あなたも判断をする際には、周囲で毛色の違った優秀な人材二人くらいに声をかけられるようにしておくと心強いだろう。

反対に決断の段階になったら、周囲の意見など仰いではならない。

決断というのは、判断という正誤問題を勝ち抜いた選択肢から、自分の好きなものを選ぶことだ。

判断は正しいか間違っているかで決まるのに対して、決断は自分の好き嫌いで決まる。

人生では正しいか間違っているかよりも、好き嫌いのほうがずっとステージは上だ。

なぜなら、私たちは正しいことをやるために生まれてきたのではなく、好きなことをやるために生まれてきたからである。

その証拠に、正しいことを貫いている人は貧乏で暗い顔をしていることが多いが、楽しいことを貫いている人は、お金持ちで肌の艶がいいことが多い。

正しいことを極めた上限は、最高裁判所の長官などで、せいぜい年収5000万円程度だが、楽しいことを極めた上限はないに等しい。誰もが知っているように、世界の大富豪のような雲上人生が待っている。

私自身も判断の段階ではその道でプロと認めた人材に相談することにしている。

場合によっては、判断に協力してもらうためには金を一切惜しまない。
だが決断だけは誰にも口出しさせないで、100％自分の好き嫌いだけで決めている。

No.20

ここだけの話、単身赴任の男性が寂しいのは最初の2週間だけ。

いつも数人で群れて行動していると、誰でも独りになることが怖くなる。

たとえば、家族で暮らしていた人が初めて独り暮らしを経験すると、数日のうちに誰でも激しいホームシックにかかる。

用もないのに誰かに電話したり、メールしたりして寂しさを紛らわすことになる。

ところが1週間前後をピークに寂しさは薄れてきて、2週間を過ぎた頃には徐々に独り暮らしが快適になってくる。

これまで数多くの単身赴任の男性と対話してきたが、彼らは笑顔で「本当に寂しかったのは最初の2週間だけ」と口をそろえていた。

大企業のサラリーマンで単身赴任を経験した人たちは、内心「また単身赴任できないかな」と思っているものなのだ。

何も単身赴任に限った話ではない。

独りになることに抵抗があるのは「未知の世界」への恐れに過ぎず、ただの食わず嫌いなのだ。

バンジージャンプと同じで、飛ぶ直前が怖いだけなのだ。

一度勇気を振り絞って独りになってみれば、必ず孤独のありがたみがわかる。

進学や留学、就職で独りを経験すると、独り暮らしの虜《とりこ》になる人が多い。

独り暮らしの思い出を嬉々として語ってくれる人は、あなたの周囲にもいるはずだ。

会社から半強制的に独り暮らしをさせてもらえる単身赴任という制度は、とてもありがたい制度だ。

もし独り暮らしができるチャンスがあれば、飛びかかってでも摑んでおくことだ。

もし独り暮らしができるチャンスがなければ、でっちあげてでもきっかけを作ることだ。

必ずしも生涯通してずっと独り暮らしをしなければならないわけではない。ただ独り暮らしの素晴らしさを知らずにこの世を去るのはもったいないというだけだ。

3

孤独になると時間が増える

最上の思考は孤独のうちになされ、
最低の思考は混乱のうちになされる。
By トーマス・エジソン

No. 21

忙しいということは、貧しいということだ。

あなたがサラリーマンなら、一度社内をよく観察してもらいたい。
忙しい人ほど年収が低いはずだ。
特に大企業の年功序列型の組織だと、この傾向は強い。
年収400万円の平社員は、年収700万円の課長よりずっと忙しいはずだ。
年収700万円の課長は、年収1000万円の部長よりずっと忙しいはずだ。
年収1000万円の部長は、年収3000万円の社長よりずっと忙しいはずだ。
忙しいということは、「貧しさの象徴」なのだ。
スケジュールがいっぱいだと自慢するのは、貧しいということだ。
四六時中仕事でケータイを手放せないのは、貧しいということだ。
土日が休めないのは、貧しいということだ。

3

孤独になると時間が増える

さらにいやらしい話をしよう。

組織のピラミッドを見てみれば、平社員が三角形の広い底辺をどっしりと支えており、課長、部長と役職が上がれば上がる程に人が少なくなっていく。社長となれば三角形の頂点で文字通り唯一の「点」だ。

自然界に目をやると、富士の樹海には木や雑草がウジャウジャ生えているが、上に登るにつれて木や雑草は少なくなる。

そして頂上には何も生えていない。

底辺は人気がないから人もお金も離れていくが、頂上には人やお金が殺到する。

ウジャウジャ群れるほどにどんどん貧しくなって、孤独になるほどに豊かになるのは自然の摂理なのだ。

ひょっとしたら今のあなたは忙しいかもしれない。

もし豊かになりたいのであれば、忙しさを自慢するのだけはやめたほうがいい。忙しさに逃げているうちは、永遠に豊かになどなれないのだから。

No. 22

お金持ちより、時間持ちのほうが強い。

マネー本が売れるようになって久しい。

それだけお金に興味津々《しんしん》な人が多い証拠であり、お金持ちに憧れる人が多いということに他ならない。

だが、お金持ちになる前に、ぜひ次のことを知っておいたほうがいい。

「お金持ち」より「時間持ち」のほうが圧倒的に強いということだ。

私はサラリーマン時代からお金持ちと一緒に仕事をする機会に恵まれてきたが、事あるごとに彼らが強調していたのは、「人生でダントツに大切なのは時間だ」ということだ。

サラリーマン時代の私は、頭では理解していたつもりだったが、心の底からは理解できていなかった。

ところが、今なら心底理解できる。

私自身の収入が増えたこともあるが、お金持ちと本音ベースの付き合いができるようになったのが大きい。

どんなにお金を稼いでも、それを使って幸せになる時間が獲得できなければ、無意味なのだ。

普通の人は時間を削ってお金をもらうが、お金持ちはお金を払って時間を買う。

サラリーマンが、自分の寿命を削りながらなけなしの給料をもらっているのが、何よりの証拠だ。

お金持ちはお金を配って人にあくせく働いてもらい、自分は優雅な時間を過ごしているのが何よりの証拠だ。

経済力のある人が地下鉄やバスではなくタクシーを使うのは、より快適な時間をお金で買っているのだ。

経済力のある人が普通車ではなくグリーン車で移動するのは、より快適な時間をお金で買っているのだ。

人生の究極の選択は、寿命を削ってお金をもらうか、お金で寿命を買うかである。

どちらを選ぶかは、その人次第だ。

No. 23

群れから飛び出すだけで、寿命は倍増する。

古今東西を問わず、力ある者が最後に切望したのは不老不死だ。

つまり寿命を延ばすことだ。

あなたは驚くかもしれないが、実は寿命を延ばす方法は確実に存在する。

それは「群れから飛び出すこと」だ。

これは決して冗談で言っているのではない。

試しにあなたも今日のランチから、群れを飛び出してみればいい。

ウジャウジャ群れていた頃と比べて、一瞬で自由時間が倍増するはずだ。

自由時間が倍増するということは二倍生きられるということであり、寿命が倍増するということに他ならない。

ウジャウジャ群れていると、目に見えない鎖で精神的に縛られている。

目に見えない鎖は、目に見える鎖よりも遥かに厄介《やっかい》だ。

下手をすると目に見えない鎖に縛られたままであなたの寿命は尽きてしまうのだ。

目に見えない鎖とは、村社会に属するメンバーに「嫌われてはいけない」という暗黙の掟《おきて》のことだ。

周囲より目立ってはいけない。

目上とされる相手を差し置いて抜け駆けしてはいけない。

成功してもみんなの見ている前で露骨にガッツポーズをしてはいけない。

村社会の掟を列挙するだけで、それこそ本が1冊書き上がってしまいそうだ。

こうした無数に存在する村社会の掟は、あなたが飛躍しようとすれば必ず「手かせ足かせ」となって、スピードを大幅に鈍らせる。

独立するとなぜ成功するのかといえば、能力の問題以上に村社会の掟から解放されるからなのだ。

No.24

独立経験者の本音は「サラリーマン時代は遊んでいるのと同じだった」。

ここ最近、元サラリーマンで独立したメンバーたちと会って話す機会が続いた。

そんな中で全員口をそろえていたのが、「サラリーマン時代は遊んでいるのと同じだった」ということだ。

私は彼らのサラリーマン時代をよく知っているが、決して遊んでいたわけではない。

それどころか、これまでに私が出逢ってきた全サラリーマンの中でも、確実に上位1％に入るくらい猛烈に働いていた。

それでも、正直に告白すると私自身もサラリーマン時代は遊んでいるのと同じだったと思う。

これはもう避けられないことだ。

私は毎月自分のチームの財務諸表を経理部から手に入れ、常に経営者意識を持っていたつもりだった。実際独立した直後も何ら違和感がないほどに、経理や事務の仕事もこなすことができた。

ところが〝本気〟という点においては、まさに1億倍の違いがあるのだ。

サラリーマンであるうちは、何だかんだ言っても、あなたがせっせと運んできた売上の大半が会社に没収されるだろう。

反対に、あなたが予算を達成できなかったとしても、ちゃんと給料は振り込んでもらえる。

これが、独立すると収入も経費もそのままダイレクトに自分の収入に反映する。自分に力があれば年収1億円以上稼ぐこともできるし、力がなければ年収ゼロどころか借金地獄に埋もれることになる。

怒鳴ってくれる上司もいなければ、しつこく催促の電話をしてくる経理部のスタッフもいない。

膨大な自由を獲得できるのと同時に、膨大な責任も負うことになる。

しかし、膨大な責任を負って日々孤高に生きる冒頭で述べたメンバーたちは、こう口をそろえた。

「もう二度とサラリーマンには戻りたくありません」

No. 25

多くの人々は、人間関係に悩まされるだけで人生の幕を閉じる。

あなたの悩み事ベスト10を紙に書き出してもらいたい。

それらのほとんどが、人間関係の問題ではないだろうか。

病気など、一見して人間関係とは無関係に思える悩み事でも、その病気の根っこには人間関係のトラブルがある可能性が高い。

つまり多くの人々の人生は、人間関係に悩まされるだけで幕を閉じるのだ。

物心ついた時から死ぬ直前まで、ずっと人間関係に悩まされ続ける。

もし人間関係に悩まされなかったら、どんなに素敵な人生になることだろう。

世の中には人間関係のトラブルを解決するアイデアが溢れているが、そのどれもが一つのアイデアに過ぎず、解決の決定打にはなり得ない。

なぜなら100の模範解答が用意されていたとしても、現実社会には101個

目の問題が登場するからだ。

１００の模範解答では不足するからと２００の模範解答を取得しても、２０１個目の問題があっさり登場してしまう。

これが人間社会というものだ。

人間関係のトラブルはゼロにすることはできないだろう。

だが10分の1や１００分の１に軽減させることなら可能だ。

つまり、極力人と会わない環境を構築するということだ。

群れに属する時間を極力減らすのだ。

「それでは引き籠りになってしまうではないか！」という反論も聞こえてきそうだが、群れに属していてもいなくても、引き籠りは引き籠りだ。

作家、芸術家、ミュージシャンといったクリエイターたちは、創作する間はただ孤独に好きなことに没頭し続けるから健全な引き籠りだ。

だが村社会に属して人とのトラブルを避けるだけの生き方は、ネガティブで陰湿な引き籠りだ。

No.26

残業をなくすには、全員が個人事業主になればいい。

これまで多くの業種業界のコンサルタントをしてきたが、もうサラリーマンという雇用制度は終焉《しゅうえん》を迎えるのではないかと感じている。

「一度採用されたら簡単にはクビにできないから勝ち」と思っている人間を、企業側が正規雇用したがらないのは当然だ。

なかでも残業に対する考え方は、早急に労働基準法にメスを入れるべきだろう。仕事が速くてサッと終わらせる有能な人より、仕事が遅くて無能な人のほうが残業代の分だけ稼ぎが多くなるのは理不尽だ。

私がコンサル時代に素晴らしいと感じた制度は、ある役職に到達した社員は、月2回の全体会議を除いて、どこで何をしていようが自由の身になれるというものだ。

3

孤独になると時間が増える

自宅で仕事をしていようが、平日に遊園地で子どもと戯《たわむ》れていようが自由だ。サラリーマンではなく完全に個人事業主のつもりで働いているから、どれだけ働いても「残業」という概念は微塵《みじん》もなかった。ただ課題を解決するために時間を使っているという感覚だ。

もちろん社内は成果主義が徹底されており、自分の年収の3倍の粗利益を会社に納められなければ即降格だった。

だがこの緊張と緩和の一体化によって会社の業績は伸びていたし、社員は自分がプロという自覚を持って働いていたように思う。

何もコンサルだけが特別ではなく、これは様々な業種業界で応用できることだ。たとえば出版社の編集者は毎月1冊、年間12冊の単行本を作り、年間の合計発行部数は12万部で年棒600万円といったようなコミットメントを会社と交わせばいい。

その代わりどこでどれだけ休憩しようが、どこでどれだけ働こうがすべて自由だ。

予定より売れなければ年棒は下がるし、予定より売れれば年棒は上がる。

あなたが成果を出せるプロなら、個人事業主のほうが時間も収入も確実に増えるだろう。

群れに埋没するサラリーマンと違い、個人事業主は残業という概念が消えるのだ。

No.27

習い事はみんなでゾロゾロ通うより、独りで粛々と通う人が伸びる。

女性が男性に比べて素晴らしいと思うのは、習い事を継続する力がある人の比率が高いということだ。

女性はそれだけ「自分を高めたい」という意識が強いのだろう。

もちろん男性の中にも習い事を継続できる人はいる。

男女問わず習い事を継続できる人たちをじっくり観察していると、こんな事実に気づく。

みんなでゾロゾロ通う人は途中で挫折しやすいのに対し、独りで粛々《しゅくしゅく》と通う人は続きやすいということだ。

みんなでゾロゾロ通うと、しばらくすると必ずその中で脱落者が出てくる。

すると「○○ちゃんが行かないなら、私も行かない」「それじゃあ、私も」と続いて、連鎖的に一斉に退会するのだ。

習い事の先生もそのあたりはよく理解しており、内心ホッとする。ゾロゾロ通ってくる生徒たちはいつも騒がしく、我が物顔で教室内を闊歩《かっぽ》しているからむしろいなくなってもらったほうがいいのだ。

先生は決して口には出さないが、ゾロゾロ軍団は教室を維持するための金蔓《かねづる》なのだ。

Aというゾロゾロ軍団が一斉退会すると、すぐにBというゾロゾロ軍団がやってくる。Bというゾロゾロ軍団が一斉退会すると、今度はCというゾロゾロ軍団がやってくる。

だからどの教室も中身は替われど、安定してゾロゾロ軍団が生息しているものだ。

実際にはゾロゾロ軍団が支払った授業料は、そのまま贔屓《ひいき》の生徒に回される。先生は独りで粛々と通い続ける生徒を成長させたいために、自分のすべてを捧げようとするからだ。

これは習い事に限らず、会社の仕事で師弟関係を結ぶ際にも応用できる。
人は群れると無意識に態度が大きくなって傲慢になり、独りになると謙虚になるのだ。

No.28

サラリーマンの会議は、居眠りごっこ。

すべての会議がそうだとは言わないが、サラリーマンの会議はほとんど居眠りごっこだ。

露骨に居眠りしていなくても、手帳に落書きしたり、話を聞くふりをしながら別のことを考えたりするのは居眠りしているのと変わらない。

むしろ居眠りしているほうが、正直で好感が持てるくらいだ。

私は新入社員の頃から目を開いたまま眠る訓練をしていた。

これは子どもの頃にテレビの国会中継で議員たちから学んだ唯一の知恵だ。

国会中継をよく観察していたら、偉い議員ほど目を開けたまま熟睡していたのだ。

まるでカジキマグロのようなとぼけた目をしている議員は、ほぼ熟睡していると考えて間違いない。

小学生の頃に私の祖父に聞いた話では、軍人は目を開けたまま眠るどころか、立ったまま眠れなければならないとのことだった。

ビジネスという戦場でもこれは例外ではなく、要はいつでもどこでも眠れる〝睡眠力〟が最強のサバイバル能力だということだ。

会議というのはサラリーマンが一斉に群れる最悪の場だ。

ただでさえ群れていると貧しくなるのに、その上さらに群れようとするのだから始末に負えない。

そこでは膨大な人件費と時間が捨てられることになる。

ありとあらゆる理由をでっち上げてでも会議は欠席する価値があるが、どうしても参加しなければならない場合は居眠りごっこだと割り切ることだ。

初めと終わりの3分だけを真剣に聞いておけば、他は体力を回復する時間と思えばいい。

あとで議事録に目を通しておけばすべて事足りる。

会議に参加しないと心配になるのは、村社会に完璧に洗脳されている証拠だ。
会議に参加しないとやる気が漲《みなぎ》ってくるのは、プロとして極めて正常な証拠だ。

No. 29

平日の昼間にこそ、ホテルのアフタヌーンティーセットは楽しめる。

私はよく本の中でホテルの喫茶ラウンジでお茶を飲む話をする。

なぜなら私自身が新入社員の頃からホテルでコーヒーを飲むのが大好きだったからだ。

当時でも超一流ホテルでコーヒーを頼むと、税・サービス料込みで1500円を超えた。

一流ホテルなら1000円を下回るところはまずなかった。

どうしてそんな分不相応なことを平気でやっていたかと言えば、**単純に価格より価値のほうが高いと感じたからだ。**

そこで過ごす1時間や2時間は、まるで映画鑑賞をしているように人間ドラマを観察でき、極上のおもてなしを受けることができる。

現在の執筆の礎《いしずえ》になっている部分も大きい。

コーヒーの味はむしろ二の次で、その場の空気を堪能するのが至福の瞬間だった。

最近はやや目が肥えてきたため、「これだけのお金をとっている割には怠けているな」とか、「おや？　サービスのレベルが随分下がったけどマネージャーが交代したのかな？」といった要らぬことまで気づくようになってきたが、それでもやはり楽しい。

特にオススメしたいのは、平日の昼間に行ってみることだ。

外回りの途中で思い切ってサボってみるのもいいし、有休をとってアフタヌーンティーでくつろいでみるのもいい。

そこでは今までの空間とはまったく違った人々がくつろいでいるに違いない。

普段接点のないような有閑マダムが優雅に時を過ごしているかもしれない。

何度か通っているうちに、有名人や成功者と遭遇《そうぐう》するかもしれない。

これまで私も、ホテルの喫茶ラウンジで想像を絶するような出逢いがあったものだ。

一時的にせよ今いる群れから飛び出して、別世界の空気を吸ってみるのは大きな刺激になる。

サラリーマンという村社会での悩み事など、とてもちっぽけに思えてくるに違いない。

No. 30

離婚経験者が一番幸せを感じるのは、自分の時間を取り戻せること。

結婚してしばらくすると、誰もが大きなものを失ったことに気づかされる。

それは自分の時間が激減することだ。

どんなに最愛の相手と結ばれても、2年もすればお互いにマンネリ化してきて、もう一度独身時代の自由気ままな人生を無性に取り戻したくなる。

相手が出張でしばらく帰ってこないと言えば、内心ではホッとする自分がいるのではないだろうか。

単身赴任で別居生活をすると、数週間もすれば「ずっとこのままでいいのに」と内心思う夫婦が多いはずだ。

反対に離婚経験者が一番幸せを感じるのは、自分の時間を取り戻せることだ。

だから離婚経験者たちの中には「結婚というものがよくわかった。もう二度と

3

孤独になると時間が増える

結婚はしない」と主張する人が多いのだ。

離婚は、するまでは大変だが、実際にしてしまえば天国の人生が再開されると経験者たちは口をそろえる。

天国の人生とは、独りの時間が増えるということだ。

最愛の相手と過ごす時間でさえ独りの時間の貴重さには及ばないのだから、普通の人々や嫌いな人々と一緒にいる時間なんて本来は比較対象にすらならない。

この本を読んでいるあなたは、結婚も離婚も経験したことがないかもしれない。

この本を読んでいるあなたは、結婚の経験はあるが、離婚の経験はないかもしれない。

この本を読んでいるあなたは、結婚も離婚も経験済みかもしれない。

いずれにせよ、いかに独りの時間が大切なのかは、考えてみればわかるはずだ。

お互いに独りの時間を死守できるのなら、結婚しても幸せになれるかもしれない。

でも、お互いに独りの時間を死守するためには、離婚したほうが幸せになれるかもしれない。

ずっと独りの時間を死守するために、生涯独身を貫くのが幸せかもしれない。

大切なのは、自分のために独りの時間を死守することなのだ。

4

孤独になるとお金が増える

群衆の中にあっても
孤独を守る人こそ、
至高の人である。
By エマーソン

No. 31

飲み代より、本代。

私が20代の頃から強く意識していたことは、飲み会は最小限の参加に抑えておいて、その分のお金を本代に回そうということだった。

さすがに飲み会参加率ゼロではまずいが、1回参加したらそのあと2回は欠席しても許されるものだ。

「体調不良で今夜は少しでも早く眠りたい」、「はかどらない資格の勉強を挽回《ばんかい》したい」とでも言っておけば、相手もそれ以上は誘ってこない。

参加率3割程度をキープしておくと、〝そういうヤツ〟というレッテルを貼ってもらえる。

飲み会参加率を7割削減すると、お金にも時間にも随分ゆとりが出てきたものだ。

飲み会に参加すると最低2時間は奪われ、体力は消耗するし、数千円が消えてしまう。

それだけの時間と体力とお金があれば、ゆとりを持って本を1冊読むことができる。

毎週1回飲み会を断れば、年間で約50回断ることになる。

50回飲み会を断った代わりに50冊本を読めば、1年後にはもう同僚とは会話が噛み合わなくなってくるはずだ。

私の場合は、同僚が飲み会に参加している間に自分だけが読書しているという満足感がこの上なく好きだった。

私だけが秘密の特訓をしているようで、ますます読書にのめり込むことができた。

あの頃の孤独が今の私を創ってくれたのは間違いない。

今振り返ってみると、この時期の読書経験は何ものにも代え難い貴重な宝となった。

新刊もたくさん読んだが、学生時代に読み込んだ本を再読することによって、まったく理解できていなかった自分にも気づかされて、これがまた実に快感だった。

同僚が翌日寝不足の顔で出社して、「昨夜は2時まで飲んで自腹でタクシーだったよ」と愚痴っている姿を見て、私は自分の戦略が間違っていないと再認識したものだ。

本が人生を支えてくれたためか、未だに私の読書欲は食欲を遥かに上回っている。

No.32

群れると、ムダに浪費する。

既に多くの先人が語り尽くしてきたように、お金を貯めるには収入を増やすより支出を抑えるに限る。これ以外に方法はない。

いくら宝くじで数億円の当たりに当選しても、それ以上にお金を使えば文無しになってしまう。笑い事ではなく、宝くじで成金になった人に向けてカウンセリングが設けられているくらいだ。

ここ最近私が驚いた事実がある。

サラリーマンはお金持ちではないにしても、自分の年収分くらいの蓄えがあるものだと思っていたが、そうではない人も多いという事実だった。

それも20代の若手ではなく、30代独身サラリーマンたちの話である。

年収450万円という33歳の独身女性は、親元から通勤していて家賃ゼロにもかかわらず、貯金はほぼゼロだと言っていた。

彼ら彼女らに「何にそんなにお金を使うの？」と聞いてみると、それぞれ使い道は違うものの、あればあるだけ使ってしまうらしい。

さらに突き詰めて質問をしてみたところ、人付き合いや会社で同僚に見栄を張るためにお金を使っていることが多いことに気づかされた。

なんとなく毎週飲み会にズルズルと参加してしまう。

なんとなく毎年のように仲間と海外旅行に出かけてしまう。

なんとなくエステやネイルサロンに通って流行を競い合ってしまう。

なんとなくブランド物の時計やアクセサリーを買って見栄を張り合ってしまう。

この「なんとなく」の積み重ねが途轍《とてつ》もない浪費になっているのだ。

人は、群れるとつい浪費してしまうのだ。

私の周囲のお金持ちたちは1週間まったくお金を使わない人も珍しくない。

お金持ちは、要らないものには1円も払わず、ビビッ！　ときたものにドカンと払うのだ。

No.33 できる営業マンは、社内で群れない。

これまで様々な業界の営業マンと対話してきたが、とりわけトップセールスに見られた傾向があった。

それは社内で群れないということだった。

社内で群れているのはたいてい下位50%のお荷物営業マンだった。

下位50%のお荷物営業マンは、メェメェ群れて異口同音に「うちの会社は給料が安い」「自分はあそこまでして稼ぎたいとは思わない」と喚《わめ》いていたものだ。

冴《さ》えない顔ぶれで群がっているから、ますます負け犬臭がプンプンした。

トップ5%の営業マンは粛々と準備を整え、黙って即行動に移し、安定して立派な業績を残していた。

これは私がサラリーマンをしていた組織にもそのまま当てはまった。

名刺に役職が刷られない平社員は全体の50％強だったが、彼らは群れに群れていた。

喫煙ルームで群れ、トイレで群れ、ランチで群れ、会議室に移動する際にも群れていた。

ある社員とその光景を見ながら、**ランチで群れているメンバーの年収を合計すると、ちょうど1000万円くらいになるという法則を生み出したこともある。**

年収250万円の新入社員は四人で群れて、ビクビクオドオドしながらランチしている。

年収400万円の先輩が年収300万円の後輩を二人引き連れて、武勇伝を語りながらランチをしている。

年収600万円の主任が年収400万円の平社員を引き連れて説教ランチをしている。

これが年収1000万円クラスになると、ランチをする姿を滅多に人に見せなくなる。

平社員にはちょっとムリ目の、隠れ家のような店に時間をずらして行くか、そのまま外回りに出かけるふりをして姿を消していたものだ。

弱者にとって群れることは心の支えになって、強くなった気がするかもしれない。

だが、群れれば群れるほどに、現実にはますます弱さが際立ってしまうのだ。

No. 34

孤独な人に、本物の情報は一極集中する。

信頼できるということは、口が堅いということだ。

口が堅いというのは、職業を問わず絶大な信頼になるから、それだけで実力なのだ。

サラリーマン社会でも、部長止まりで終わるか取締役になれるかの決定打は、口の堅さだ。

会社史上で最高の業績を収めれば、誰だって部長にまではなれるものだ。

だが会社の経営をまかされる取締役になるには、仕事ができるだけではダメなのだ。

普段から口が堅いのはもちろんのこと、いざとなった際にも口を割らないと見なされた人材が取締役候補になる。

人事の決定権者は、部長になったメンバーたちをじっくり観察して、口が堅そうな人間を選別しているのだ。

では、あなたはどんな人を見て口が堅そうだと思うだろうか。

孤独な人ではないだろうか。

いつも群れて騒いでいる連中を見て、口が堅そうだと思う人はいないはずだ。

孤独な人は信頼できるから、周囲に頼られて本物の情報が一極集中する。

群れている連中は周囲に信頼されないから、いつもジャンク情報を持て余している。

これはスパイ映画を観ていればよくわかるだろう。

一流のスパイは例外なくいつも単独行動していて孤独だ。

仮に敵の組織に潜入捜査をして打ち解けなければならない状況だとしても、仲間内では必ず〝どこか孤独なヤツ〟というレッテルを貼られる。

孤独で背中に哀愁が漂っていると、それが信頼になって必ず一流の人材と出逢う。

一流の人材は間違いなく孤独だから、孤独同士で引き寄せられるのだ。

一流の人材には、放っておいても本物の情報が殺到しているから、お互いに情報共有もできる。

これに対していつも群れている三流のスパイは、すぐに口を滑らせて殺されてしまう。

No.35 コンテンツビジネスでは、集団より個に富が集中する。

20世紀までに売れていたビジネス書は、ちゃんとした権威のある組織の地位ある人が著者だった。

21世紀からはちゃんとした組織に属していない人や、地位のない人でも著者として活躍できるようになった。

これは出版業界に限らず、すべての業界で個の価値が急速に高まっていることを見ても明らかである。

インターネットが地球上に広がって、いつでもどこでも誰でもコンテンツを自由自在に発信できるようになり、それを地球全体で面白いか否か判断できるようになった。

極端な話、一部上場企業のごく普通のサラリーマン社長が本を出版するのは至難の業《わざ》だが、フリーターやニートで面白いブログを綴っていれば、それらが本になる可能性は高い。

20世紀までは、偉いかどうか、正しいかどうかが重んじられたのに対し、今世紀からは、本当に役立つかどうか、楽しいかどうかが重んじられるようになったからだ。

過去の栄光にしがみつく人々にとっては厳しい時代に突入するが、役立つコンテンツや楽しいコンテンツを持つ人にとってはまさに天国のような時代が到来したのだ。

テレビ局がインターネットになかなか吸収されないのは、既得権者が命がけで抵抗しているからだ。

歴史が繰り返し教えてくれているように、間もなく滅びゆく人々が最後に必死の抵抗をするのは自然の摂理だから、これは正しい現象だ。

テレビ局が恐れているのは、自分たちがコンテンツ提供専用の会社になるからではない。

テレビ局の存在そのものが抹殺される可能性が高いからだ。

インターネット社会ではコンテンツはテレビ局ではなく、孤高の天才に発注される。

群れているサラリーマンの発想より、孤高の天才の発想のほうがお金になるからだ。

No. 36

群れていると、名前を憶えてもらえない。

手っ取り早くあなたの存在価値を高めたければ、名前を憶えてもらう工夫をすることだ。

名前を憶えてもらうためには、群れていてはいけない。群れから飛び出さなければ、グループ名だけが憶えられて、あなた自身の存在はゼロになってしまうからだ。

歌手やアイドルのグループを観察していればわかりやすい。

グループの中で目立つのはリーダーか、百歩譲ってサブリーダーまでだ。

他はその他大勢として顔と名前が一致して認識されないまま、誰の記憶にも残らずに消えていく。

たいてい群れの中でもひと際目立ったリーダーはさっさと独立していくから、

4

孤独になるとお金が増える

グループは空中分解する。

こうなるとその他大勢のメンバーたちは惨めなものだ。

自己紹介で「こう見えても一応、昔○○というグループにいたのですが……」と言っても「へぇ〜○○⁉　懐かしい！　でもこの人知らない……」という微妙な空気が流れてしまう。

○○というグループの名前は記憶として残ってはいるものの、目の前の本人を知らなければ小粒がより一層小粒に見えてむしろ同情されてしまうのだ。

つまり、群れていると無意識のうちに見下されてしまうのだ。

私の書斎に訪れるサラリーマンたちを見ても、すぐに名前を憶える人と、なかなか憶えられない人に別れる。

すぐに名前を憶える人は、間違っても複数人で登場しない。

上司や部下を引き連れてゾロゾロやってこない。

老若男女問わず必ず独りで現れ、カッコいい背中で颯爽《さっそう》と独り去って行く。

ゾロゾロ登場するサラリーマンは、「その人件費、料金に上乗せしないでね」

と思われている。

ゾロゾロ登場するサラリーマンは、それだけ個の存在が薄まって損をしている。

しかし、**名前を憶えてもらえなければ、あなたはこの世に存在しなかったのと同じなのだ。**

No.37

群れていると、三流人生で終わることになる。

仮に現在あなたが何かの分野で一流の実力を備えていたとしよう。

もしあなたが群れていたら、もうそれだけで一流には見えなくなってしまう。

群れて三流の人たちと笑いながら雑談していれば、すっかり三流の仲間入りなのだ。

実力はあるのにその他大勢に埋没して人生を終える人が多いのは、群れているからだ。

せっかくの美男・美女でも、三流の友人と一緒にいれば、しばらくするとすっかり三流になってしまう。

せっかく一流の人材でも、三流の会社で三流の人材と一緒にいれば、久しぶりに会うとすっかり三流になっている。

群れていると必然的に三流になってしまうのには、ちゃんとした理由がある。

集団行動では、最もレベルの低い部分に合わせざるを得ないからだ。

プロジェクトチームを組むと、その仕事のスピードは一番ノロマに合わせざるを得ない。

いくら周囲が終わっても、ノロマが終わるまで仕事は終わらないからだ。

だからといっていつもノロマを手伝うと、ノロマはいつまで経ってもノロマのままで、周囲にノロマであることがばれてしまうから逆恨みまでされてしまう始末だ。

全社員に対して新改革案をいくら浸透させようとしても、一番頭の悪い人が理解できるまで永遠に達成できない。

それどころか頭の悪い人はまったく悪気なく大失敗をやらかして、「知りませんでした」と平気でのたまう。

群れるというのは、そのくらいリスクが高いことなのだ。

あなたの会社のレベルは、放っておくと最低レベルの社員に近づいていくと考えていい。

何か商品を買う際には、その会社から出ている最安値商品を試せば、どのくらいのレベルなのかがよくわかる。

群れた瞬間、あなたも最安値商品に同化していくのだ。

No. 38

独りでいると、実戦で鍛えられて実力がつく。

私がコンサル会社に転職してすぐに、一人の名経営者に出逢った。

当時から複数の会社を経営し、国家プロジェクトに発起人として携わり、ボランティア活動にも精力的だった。

現在はオーナーかつ会長職として様々な組織を見守りながら、潤沢《じゅんたく》な財力で企業再建に乗り出し、充実した人生を送っているようだ。

当時20代だった私はこの名経営者からこう言われた。

「千田君、将来成功したければ声をかけてもらいやすい存在になりなさい」

どうすれば声をかけてもらいやすい存在になれるのか尋ねたところ、こう即答された。

「群れていると、最初から声をかけてもらえないからね」

彼は私の両親と同い年くらいで、今でもお世話になりっぱなしだが、静かに自信の漲《みなぎ》った口調でそう言われたのを鮮明に憶えている。

それ以来、その人と会うたびに「群れていないか」をいちいち確認されたものだ。

実は独立を催促されたのもこの人からで、「で、いつ独立するの？　すっかりサラリーマンっぽくなってきたぞ」とよくからかわれた。

私が群れることに対して病的なほど嫌悪感を抱くようになったのは、この人の影響かもしれない。

ほとんどＤＮＡレベルにまで「群れないこと」が刷り込まれたおかげで、本当に私の人生は一変した。

運気が急上昇して、チャンスに恵まれるようになったのだ。

群れている連中は誰からも声をかけられないが、独りでいるとただそれだけであちこちから声をかけてもらえるようになる。

チャンスが巡ってくると、実戦で鍛えられるから実力も急上昇していく。

実力が急上昇した頃には、群れている連中とはもはや人生のステージが違ってくる。

チャンスを独占したければ、つべこべ言わず群れから飛び出すことだ。

No. 39

才能があって孤独な人を見つけると、一流の人は放ってはおけない。

これまで3000人以上のエグゼクティブたちと付き合ってきたが、一流の人たちはそろいもそろってお節介な人が多かった。

「お節介」と聞くと何やら悪い人のような印象を受けるかもしれないが、そうではない。愛情深くて、応援したがり屋だということだ。

それもそのはずだ。

一流の人たちはすでに地位・名誉・権力すべてを獲得しているため、今度は自分の成功より他人を成功させることに興味がシフトしているのだ。

自分の〝成功の方程式〟が本当に正しかったのかを、他人に伝授することによって、確認したくなるのだ。

かの有名な鉄鋼王、アンドリュー・カーネギーがナポレオン・ヒルという一人の若者に成功哲学をまとめさせたのも同じ理由だ。

幸い私は大学時代にナポレオン・ヒルの本を貪《むさぼ》るように読んでいたため、一流の人から好かれるポイントを予習しておくことができた。

ナポレオン・ヒルのエピソードで一番興奮するのは、彼がインタビューをした際に、かのアンドリュー・カーネギーと初対面で、いきなり一つの決断を迫られる瞬間だ。

アンドリュー・カーネギーから、今の仕事（新聞記者）を捨て去り、20年間無償で成功者（と言っても大半が予備軍）にインタビューすることを提案されたナポレオン・ヒルは、たったの29秒で「ＹＥＳ！」と決断してしまう。

もちろん決断のスピードも驚くべきことだが、何よりもナポレオン・ヒルという若者が独りだったことが大切なのだ。

もしここで彼が上司や仲間と一緒だったら、チャンスは流れていただろう。

才能があって孤独な人を見ると、一流の人々はつい興奮してチャンスを与えるのだ。

No. 40

顧客から独立を懇願されて、コンサルタントは一人前。

経営コンサルティング会社から独立して成功した人々に話を聞いてみると、ほぼ全員が顧客から独立を懇願されたという経緯が一致している。

プロジェクト中に「今の倍払うからうちの企画室長としてやってくれないか?」と声をかけられることもある。

10年近く付き合いのある会社の社長から、「そろそろ息子を社長にしたいから、副社長として支えてやってくれないか?」と懇願されることもある。

誘われ方は様々だが、顧客から独立を懇願されて、コンサルタントはようやく一人前なのだ。

この時、顧客から声をかけられるコンサルタントには、ある共通点がある。

それは、仕事をするにあたって、自分の会社ではなく、「顧客側を向いて仕事をする姿勢」だ。

自分の会社の利益だけを考えて仕事をしているコンサルタントは、必ず他のメンバーと終始群れているから、顧客から見たら完全に外部の人間に見える。両者の間には大きな隔《へだ》たりができてしまう。

ところが顧客側を向いているコンサルタントは、不必要に他のメンバーと群れることなく、少し離れた場所で孤独を保っている。

もちろん顧客に媚びているわけではない。

それどころか、最初は顧客と衝突を繰り返しながら、徐々に信頼関係を築いていく。

次第に顧客の上層部には「本当にうちの会社のことを考えてくれている」という真意が伝わって、全幅の信頼を獲得するようになる。

大前研一氏や堀紘一氏といった、我が国のコンサルティング業界の草創期を支えてきた人々の表情を見れば、それは一目瞭然だ。

本気で顧客側を向いていると、サラリーマン社会では嘲笑《あざわら》われて浮いてしまうだろう。

だがそれはあくまでもサラリーマン社会のことであって、見ている人はその人の本質を見て、信頼とチャンスをくれるものだ。

5

孤独になると友人が変わる

孤独だということは
人と違う人間だということ。
人と違っているということは
孤独になるということ。
By スーザン・ゴードン

No. 41

つまらない友人と一緒にいるくらいなら、独りぼっちを選べ。

特に学生のうちは独りぼっちでいると、「アイツ、ぼっちだ！」とからかわれる可能性がある。

そこで妥協してつまらない友人と一緒にいるわけだが、振り返ってみればこれが人生で最大の時間のムダ遣いであったことに気づく。

「アイツ、ぼっちだ！」と執拗《しつよう》にからかう連中は、間違いなく自分も本当はつまらない友人と群れているのが苦痛なのに、無理をして群れているから嫉妬しているのだ。

人は自分が勇気がなくてできないことを、他人が平気でやってのけると嫉妬してしまう生き物なのだ。

学生時代に孤独を経験した人間は、社会に出てから出逢いに恵まれやすい。

5

孤独になると友人が変わる

なぜならずっと孤独に自分を磨いてきたために、同様に孤独に自分を磨いてきた相手と意気投合しやすいからだ。

私が社会人になってから出逢った天才たちは、学生時代はそろいもそろって孤独だった。

凡人とは価値観が嚙み合うはずもなく、物心ついた頃からずっと自分は異常だと思って生きてきたと告白してくれたものだ。

それが社会に出てみると自分と同じ価値観の人もいることに気づき、一瞬で打ち解けることができるのだ。

私の学生時代を振り返ってみても、孤独だった同級生はたいてい大成している。

反対にずっと群れていた連中は、すっかり老けこんで精気を奪われている。

あなたが学生であろうとサラリーマンであろうと、つまらない連中とは群れないことだ。

つまらない連中と群れたくなるということは、あなた自身がつまらないということだ。

すべての人間関係はバランスがとれている。
もしつまらない自分を本気で変えたいのであれば、勇気を持って独りぼっちを選ぼう。

運命の出逢いとは、１００％お互いが独りぼっちの時に巡ってくるものなのだから。

No. 42

手っ取り早く成り上がりたければ、故郷を捨てる。

孤独の道を選ぶ最も手っ取り早い方法は、故郷を捨てることだ。

故郷を捨てると聞くと何やら冷たい人のように思われるかもしれないが、そうではない。

もし本気で故郷に恩返ししたければ、いったん故郷を捨てて大成功してから戻ってきて故郷に恩返しすることもできるのだ。

故郷を捨てると成功しやすいのは、周囲の人脈を一掃できるからだ。

率直に言って、あなたがなかなか成功できないのは、あなたの周囲の人脈があなたの成功を許さないからだ。

故郷にいると、両親はあなたのことを、「お前は昔からこういう性格」「人間たるものかくあるべし」といった価値観を無意識のうちに強要してくる。

故郷にいると、友人はあなたに対して、「お前はこのくらいの能力」「お前はこういう役割」といった価値観を無意識のうちに強要してくる。

もちろん本人たちに悪気はないのだが、**無意識のうちにあなたに対して「変わらないでもらいたい」というメッセージを発信し続けているのだ。**

実はこうした悪意なき価値観の強要こそが、あなたの成功を遠ざけているのだ。

あなたが故郷を捨てると、成功を妨げるこれらの故郷の価値観の強要はすべてなくなる。

そして、新天地では堂々と新しい自分と向き合うことができる。

新しい自分と言っても、正確にはこれまで嘘をついていた建前の自分から、本来の自分を取り戻せるというだけの話だ。

故郷を捨てて自分と向き合った結果、実はニューハーフだったということもある。

故郷を捨てて自分と向き合った結果、実は芸術家だったということもある。

故郷を捨てて自分と向き合った結果、実は革命家だったということもある。

いずれにしても、生きているうちに「本来の自分」と出逢えたというのは素晴らしいことだ。

現在私が文筆家として生きているのを一番驚いているのは、何よりも故郷の人々だ。

No. 43

三流の人から「いいね！」と賛同されたら、要注意。

最近はSNSがすっかり浸透してきて、猫も杓子《しゃくし》も「いいね！」を求めるようになった。

ネット上で「いいね！」をたくさんもらえると、何やら自分が世界中から愛されているような錯覚に陥るのだ。

ところが、「いいね！」をたくさん集めた人が成功しているかといえば、全然そんなことはない。

本当にいいコンテンツに対して多数の「いいね！」が集まることもあるが、そうでないこともある。

そうでない場合というのは、三流の人々から「いいね！」を集めてしまった場合だ。

5

孤独になると友人が変わる

ブログや Twitter で最大瞬間風速的にアクセスが殺到するのは、あなたが誰かの悪口を書いた場合だ。

できるだけ旬の人物や話題に対する過激な悪口を書き込めば、必ずといっていいほどに三流の人たちがドッと群がってくる。

それに応えて悪口を書き続けていても、しばらくすると三流の人たちから、「もっと悪口を書き込め！」「怖気《おじけ》づいたのか！」とあおられるようになる。

それどころか、もともとファンだった人たちも「下品なブログになったよね」「この人をフォローするのは危険だ」と言い出してアクセス数が激減し、閑古鳥《かんこどり》が鳴くようになる。

結果として三流の人たちが群がってきたら、その反動で最初よりアクセス数が減るのだ。

すべての原因は、自分が三流ウケする文章を発信したからなのだ。

アクセス数より遥かに大切なことは、品のいい人が読者になってくれていることだ。

三流の人たち1万人が「いいね！」と賛成してくれるよりも、品のいい人がたった一人だけでもこっそり読者になってくれているほうが一億倍嬉しい。

私の本やブログは、すべて品のいい人たった一人に向けて書いている。

そのたった一人の品のいい人に自分の文章を読んでもらい、どう感じてもらえるのかが私のすべての基準になっている。

No. 44

三流の人から批判されれば、とりあえずひと安心。

学校では「人に嫌われてはいけません」「誰とでも仲良くしましょう」と教わった。

お子様向けの教育としては、それが正しい。

だが大人向けの教育では、それは間違いだ。

社会では「三流の人からは嫌われましょう」「三流の人と仲良くしてはいけません」が正解なのだ。

三流の人たちからはちゃんと嫌われることが、一流になるためのスタートラインなのだ。

ちゃんと嫌われる勇気がないために、多くの人たちは人間関係で悩まなければならない。

一流になるためには、三流の人たちから好かれてはならないのだ。

もちろんわざわざ喧嘩腰になってまで嫌われる必要はないが、普通に振る舞って普通に嫌われればそれでいい。

たとえば組織では、ピラミッドの頂点である社長と、ピラミッドの底辺である平社員たちが心の底から気持ちを理解し合うことはできない。

社長は常に与える立場であり、社員は常にもらう立場だからだ。

社長は常に認める立場であり、社員は常に認めてもらう立場だからだ。

これらのベクトルは永遠に変わらないのだ。

優秀な社長はこのあたりをきちんと理解しているから、社員に対して変に卑屈に接したり、「役割が違うだけでみんな平等だよ」などといった美辞麗句を並べ立てたりはしない。

綺麗事を抜きにすれば、社長と社員では地位・権力が桁違いなのだ。

社員たちが弱者の強者に対する本能〝ルサンチマン〟を、日々沸々と煮えたぎらせていることを、優秀な社長ならビンビン感じている。

5

孤独になると友人が変わる

弱者の強者に対する批判なんて当たり前だし、弱者が強者を嫌うのも自然の摂理なのだ。

もしあなたが一流を目指しているのなら、三流から批判されているうちはひと安心だ。

間違っても批判する側に回って、腐った三流に落ちぶれてはいけない。

No. 45

ネット上で批判に便乗するのは、最底辺。

ブログの炎上が珍しいことではなくなった。「有名人の〇〇のブログが炎上したらしい」と聞けば、「またか」という感じである。

ブログに限らないが、炎上の本質は批判に便乗することだ。

ネガティブな意見を書き込むと、必ずそこには日ごろの鬱憤《うっぷん》の溜《た》まった弱者たちがドッと群がってくる。

そしてネガティブな意見を支持する人数が増えてくると、自分もそこに便乗することによって「勝ち馬に乗りたい」という卑しい本能が抑えられなくなる。

何が卑しいかといえば、自分の頭では何も考えずに他人のネガティブな意見に乗っかることで、勝ち誇った気持ちに浸ることだ。

ネット上でどんなに勝ち誇っても、リアルでは相変わらず弱者のままだ。

5

孤独になると友人が変わる

むしろ、現実にはネット上ですっかりエネルギーを消耗させてしまうから、行動を起こそうという気力もなくなって、さらに奈落の底に落ちぶれていく。

世界中から注目を浴びて驚かれているのが、日本でSNSを支えているのは最底辺層だという事実である。

他国ではインターネットにアクセスできないくらい貧しい人はわんさといるし、SNSに参加しようにも識字率が低くて門前払いという人もたくさんいる。

それだけ日本という国は最底辺層でも、豊かな暮らしができているということに他ならない。

ニートやフリーターでも、インターネットに自由自在にアクセスし、匿名ではあるものの自称成功者を気取ることができ、識字率に至っては100%に限りなく近い。

20世紀までは便所に落書きする以外に弱者のストレス発散方法はなかったが、現在はインターネットによって、いつでもどこでも発散できるようになった。

現実でもネットでも群れていると、落ちぶれるのはまったく同じなのだ。

No. 46

合わない人に時間を使わない。

四六時中人間関係で悩んでいる人には、こんな衝撃の事実をプレゼントしたい。

気が合わない人とは、どうあがいても合わないということだ。

シンプルだけど、たったこれだけのことを知っておくだけで人間関係はすこぶるラクになることをお約束する。

人間関係がスムーズにいく人は、このあたりをきちんと踏まえている。

だから、自分と合わない人には挨拶程度の関係で極力会わないようにして、自分と合う人にだけ頻繁に会うようにする。

たったこれだけで人生はバラ色になるのだ。

真面目な人は合わない人に合わせようとするから、様々な軋轢《あつれき》を生むのだ。

もともとすべての人間の遺伝子は異なるのだから、容姿や性格も違えば能力も違う。

「違い」というのは優劣をつけるというよりも、むしろ人類の進化に欠かせない本質なのだ。

たとえば新型ウイルスが猛威を振るい、人類滅亡の危機が到来したとしよう。その際に、数億人に一人の割合で特殊な遺伝子を持つ人間がいて、その新型ウイルスに侵されなければ、かろうじて人類は滅亡せずに済むかもしれないのだ。

随分大袈裟《おおげさ》な話だと思うかもしれないが、これは事実だ。人間に違いがあるのは当たり前の話なのだ。

むしろ違いがないほうが例外であり、合う人間がいれば宝くじに当たったようなものだと考えれば出逢いに感謝できる。

合わない人がいるのは当たり前のことであって、深刻に悩む価値などない。

それよりも合う人に出逢ったら、「うわぁー、このラッキーで運を使い果たさないようにしなきゃ！」と心配するくらいでちょうどいい。

気の合う人との出逢いに感謝し、合う人にあなたの愛情を注いでいると人生が好転していく。

その結果、あなたはオーラを纏《まと》うようになり、合わない人々が媚《こ》びてくるようになる。

合わない人たちのことは、その境地に至った際に、あなたがどうするのか判断すればいい。

No.47 お肌が荒れてきたら、カレを替えるチャンス。

「一応カレはいますが、ぶっちゃけると本命ではありません」

そんな告白をしてくる女性が増えた。

彼女たちの顔をよく見ていたところ、ある共通点に気づかされた。

それはお肌が荒れているということだ。

いくら厚い化粧をしても、いや、厚い化粧をすればするほど、お肌の荒れ具合は浮き彫りになる。

お肌が荒れる理由は様々だろうが、一つ断言できるのは女性ホルモンがちゃんと分泌されていないと、確実に肌が荒れていくということだ。

女性の肌というのはとても正直だから、偽物の恋愛をしていると必ずカサカサになっていくものだ。

街で見かけるカップルでも、女性の肌が荒れていれば、とりあえずセフレをキープしているだけだということがよくわかる。

仲間内でも自分にカレがいないということがバレると、まるで自分が欠陥商品のように扱われてしまいかねないから、好きでもない男性と付き合っているのだ。

他人に嘘をつくだけでなく自分にも嘘をつかなければならないから、急激にストレスが溜まってますます肌が荒れていく。

そんなにカサカサでは、せっかく本命の男性に出逢っても通りすがりの関係で終わってしまうだろう。

あなたのお肌が荒れてきた原因は、あなたが一番よく知っているはずだ。

もし嘘の恋愛をしているのがカサカサの原因だとわかれば、さっさと今のカレと別れることだ。

今のカレと別れる以外には、運命の出逢いに恵まれるチャンスはないのだ。

本物を獲得したければ、今握りしめている偽物を潔く手放すことだ。

No. 48

さげまんと別れないと、負のスパイラル人生まっしぐら。

「さげまん」の語源をご存じだろうか。

さげまんの〝まん〟は、〝間〟のことであり、即ち〝空気〟のことだ。

つまりその場の空気を〝下げモード〟にする女性のことを、さげまんと呼ぶのだ。

その場の空気を下げモードにするということは、つまり運気を下げるということだ。

せっかく周囲が盛り上がっているのに、さげまんが登場した途端に盛り下がってしまう。

せっかく男性がやる気になっているのに、さげまんが近づくとやる気が失せてしまう。

これがさげまんの影響力なのだ。

そしてここが大切なことだが、さげまん気質の女性というのは生まれつきの性質によるものが大きいから、努力ではほぼ克服できないということだ。

もし宿命を転換させたければ、自分の代からではなく、子や孫の代でさげまん遺伝子から脱出するために、死ぬ気で自己否定し続けなければならないという。

これは私の周囲にいる複数の経営者専属の運命学者たちが、異口同音に言うことだからほぼ間違いないと私は思っている。

実際に私がこれまでに出逢ってきたさげまんたちを思い返しても、途中からあげまんに転身できた女性はいない。

さげまんの特徴はとてもわかりやすい。

こうしたさげまんに関する文章を読んだり話を聞いたりした途端、すぐに興奮して怒り心頭に発することだ。

そしてさげまんはいつもウジャウジャ群れてヒソヒソ話をしている。

歩道ではさげまん同士が道いっぱいに広がって歩くから邪魔で仕方がないのに、

相手がどいてくれるのが当たり前だと思ってデカい鞄を平気で他人にぶつけている。

こうしたさげまんを目撃したら、努力では克服不可能なことを思って同情してあげることだ。

そしてあなたは道を引き返して、わざわざ道を変更するくらいの避難訓練が必要だ。

No. 49

去る者を追うと、運気が急降下する。

運気を上昇させたければ、あなたから去っていく者をいちいち追いかけないことだ。

たったこれだけのことを死守するだけで、あなたは確実に強運に恵まれる。

あなたの周囲でずっと人脈作りに明け暮れている人たちを思い浮かべてもらいたい。

表面上は異様にハイテンションなのに、どこか辛そうで貧しい人たちが多いのではないだろうか。

人脈作りに忙しい人たちに運の悪い人が多いのは、去る者を追いかけるからだ。

どんどん落ちぶれて衰退の一途を辿る村は、ずっと必死で去る者たちを追いかけ続けた結果なのだ。

5

孤独になると友人が変わる

どんどん悪評が広がって崩壊寸前まで追い込まれている宗教団体は、必死で去る者たちを追いかけ続けた結果なのだ。

ここで大切なことは、去る者が悪い人間だということではない。

去る者には去る者の考える正解というものがあるのだから、それを頭ごなしに否定して繋ぎ止めようとするのは傲慢だということだ。

たとえばあなたが自己啓発セミナーの講師になったとしよう。

生徒を減らさないようにと一生懸命になるあまり、退会者対策に注力すべきではない。

あなたがどんなに魅力的なセミナーをしようと、必ず退会者は出てくるものだ。

それどころか、**あなたが成長してレベルアップすればするほどに、どんどん参加者は入れ替わっていく。**

それでも残ってくれた人がいれば、それがあなたにとって上得意客ということだ。

私がビジネスにおいても人生においても大切にしているのは、この上得意客のみだ。

私には、名もなく貧しかった頃からずっと応援し続けてくれた人がいる。

この人が元気になり、何かに挑戦してみようと思えるように私は文章を書いている。

これが、歳を重ねるごとに私の運気が上昇し続けている理由だと確信している。

No.50

本物の親友に出逢う方法はたった一つ。自分が自分を好きになること。

ここ最近、親友が一人もいないという相談メールが頻繁に届くようになった。

メールの発信者は、学生もいれば会社勤めのサラリーマンもいて、本人たちは真剣に悩んでいるようだ。

いつも一緒に群れている連中はいても、心から打ち解け合っている親友がいないと告白してくる。

それどころか、群れている時間が虚しくて気が狂いそうになるという人もいる。

だが、本物の親友に出逢う方法は一つしかない。

それはまず自分が自分の親友になることだ。

自分で自分のことが嫌いなのに、他人が好きになってくれる理由はない。

自分のことが嫌いな人間に近づいてくる相手といえば、詐欺師か怪しい宗教団

体くらいのものだ。

詐欺師や怪しい宗教団体のメンバーたちは、自分嫌いの人間につけ込んで、とても優しく接してくれる。

自分嫌いの人間にとっては自分のことを認めてもらえるのは最高の快感だから、何でも認めてくれる相手の言いなりになってしまう。

だから自分嫌いの人間は、何かを企《たくら》む人間にとってコントロールしやすいのだ。

自分が自分のことを認められるようになると、コントロールされる人生とは無縁だ。

表面的に得するような話を持ちかけられても、瞬時に「それのどこがおいしい話なの?」と真顔で返して撃退できるようになる。

人は、本当においしい話は、他人には易々とは教えない。

そして、自分で自分を認めている人間は、すでに十分にいい人生を送っているから、余計な話は聞きたくないと思うようになる。

自分で自分を認められるようになるためには、人にも物にも感謝することだ。

自分を産んでくれた親に感謝し、今朝自分が食べたものに感謝するのだ。日常の当たり前のことに一つずつ感謝していくと、自分自身にも感謝できるようになる。

6

孤独になると変化したくなる

孤独であって、
充実している、
そういうのが人間だ。
By 岡本太郎

No.51

孤独になると、自分の課題が浮き彫りになる。

どんな世界でも一流の実績を残している人たちには孤独を好む人が多い。

どうして一流の人たちが孤独を好むかといえば、自分の課題が浮き彫りになるからだ。

群れていると自分の弱点をあやふやにできるから、自分の実力を過大評価してしまう。

冗談ではなく、世のサラリーマンは100%自分を大なり小なり過大評価している。

私がコンサル会社で働いていた時、「これは興味深い!」と思ったことがある。

それは、日本を代表するような巨大企業からコンサル会社に転職してきた人の中には、驚くほど使えない人が多かったという事実だ。

6

孤独になると変化したくなる

彼らの名誉のために言っておくと、彼らは巨大企業の歯車としては有能だったはずだ。

英語にも堪能《たんのう》で、ピカピカの経歴をぶら下げていた人もいた。

だが、コンサル会社のように規模が小さくて個の力が露呈しやすい環境においては、純粋培養された模範解答能力よりも、むしろ「雑草のような生命力」が求められる。

ひな鳥のようにあんぐり口を開けて仕事を待っていては、すぐにリストラ対象にされてしまう。

退職に追いやられた彼らの言い分としては、「活躍できる場を提供してもらえなかった」「環境が整備されていない」という声が大半を占めた。

かくいう私もコンサル会社への転職によって、これまで逃げ回って見つからないで済んでいた弱点がすべて周囲にばれてしまった。

おかげで自分の課題が浮き彫りになり、目標が明確になった。独立した今ではあの頃に弱点を克服しておいて本当に助かったと胸を撫で下ろしている。

あなたも本気で今の自分を変えたければ、群れから飛び出すことだ。

群れから飛び出すことによって、ありのままの自分の実力を直視することだ。

これ以上でもこれ以下でもないという自分の実力と向き合うと、妙に落ち着く。

妙に落ち着いたあとには、ぼちぼち動きたくなるものだ。

No.52

孤独になると、無性に本を読みたくなる。

私が孤独にハマったのは、大学時代だった。

大学時代に、仲間と群れているよりも孤独に読書しているほうが、ずっと成長できると気づかされたからだ。

だが現実には、キャンパスに行けば必ず知り合いに会うし、授業に参加すれば必ず知人が隣に座ってくる。

いくら自分が孤独に生きようと意気込んでも、そもそも大学という組織に属しているのだから不可能だ。

そこで私は、群れざるを得ない状況を除いては、すぐに行方不明になって消えることを習慣にした。

キャンパスでクラスメイトの群れから声をかけられると、「よう！　またあとで」と言って大学生協の書店コーナーに直行した。

授業が終わると「さぁみんなで仲良くランチしよう！」という雰囲気になってくるから、直ちにトイレに行くふりをして教室を出て、街の書店までバイクを走らせた。

いずれも書店で購入した本はそのまま付近の喫茶店で読むことが多かった。

私の場合は、孤独になると無性に本を読みたくなるのだ。

正確には、無性に本を読みたくなるために、孤独になるのだ。

孤独になると、自分だけが何か秘密の特訓をしているような気持ちに浸ることができる。

孤独になると、自分だけが裏メニューをこなしているような気持ちに浸ることができる。

孤独になると、自分だけしか知らない極秘情報を獲得できたような気持ちに浸ることができる。

孤独にドキドキしながら本を読んでいると、まさに著者の大学時代のエピソードが出てくることもある。
本の著者になるような人物の大学時代は、ほぼ例外なく孤独だった。
それを知って、私の孤独癖と読書習慣は、ますます磨かれたのだ。

No. 53

本を読むと、とことん自分と会話できる。

読書の効用として誰もが賛同することに、「自分と対話できる」という点が挙げられる。

どんな本を読んでいても、必ず自分の過去を振り返ることになる。

恋愛小説を読んでいると、自分の過去の恋愛を振り返ることになる。

推理小説を読んでいると、自分の過去の悪戯《いたずら》を振り返ることになる。

ビジネス書を読んでいると、自分の過去の仕事を振り返ることになる。

つまり、本を読むことによって、自分の過去をもう一度生き直すことができるのだ。

恋愛小説を読んでいると、「うわー、だから自分はあの時ふられたのか」というシーンを読んだ瞬間、思わず声をあげてしまう。

6

孤独になると変化したくなる

推理小説を読んでいると、「くそっ、だからあの時バレてしまったのか」というシーンを読んだ瞬間で、思わず声をあげてしまう。ビジネス書を読んでいると、「そうやれば失敗しなくても済んだのか」というシーンで、思わず声をあげてしまう。

映画をどれだけ楽しめるかは、映画それ自体の出来映えよりも、観る人がどれだけ人生経験を積んできたかで決まる。

自分の人生経験と重ねることができればできるほどに、映画は楽しめるからだ。

読書もこれと同じことが言える。

現在の私の書斎には、どうしても捨てられなかった本が500冊だけ置いてあるが、その中には大学時代に購入したものも含まれている。

そのため、大学時代に購入した本を未だに読み返すことも多いが、そのたびに新しい気づきがある。

大学時代にはきちんと読めていなかったことが判明する。

当時は気づかずに今気づくことが増えたのは、私自身の人生経験が蓄積されたからに他ならない。

子ども向けの絵本も何冊か持っているが、絵本も子どもだけに読ませるのはもったいない。

子ども向けの絵本は大人になってからこそ、本当に理解できるのだ。

No.54

孤独になるとアウトプットしたくなるのは、頭が回転し始めるから。

作家やコピーライター、画家といったクリエイターとして活躍している人々は、どうして孤独な環境を求めるのだろうか。

それは、孤独になると頭が回転し始めるからだ。

外部情報をシャットアウトすると、これまでの情報が自然に取捨選択されて、ムダを削ぎ落とせるようになる。

ちょうど睡眠中に夢を見ながら記憶の整理整頓をしているようなものだ。

何かを生み出したいという熱い思いさえあれば、あとはそれに必要な情報のみが残るのだ。

私も孤独になると、無性に何かをアウトプットしたくなる。

居ても立ってても居られなくなり、つい何かを書いてしまう。

そのはけ口が日々綴っているブログで、遥か先まで書いているために内容と時代背景が合わなくなってしまうこともしばしばだ。

もちろん出版社から新しい依頼がくれば、爆発したように本の執筆にエネルギーが向けられる。

このことにはサラリーマン時代に気づいていた。

コンサル会社に転職したての頃、まだ平社員でフレックスタイム制も認められておらず、このまま他の平社員たちと机を並べて比べられたら確実に負けると早々に悟った私は、上司にこう直訴した。

「とりあえず三ヶ月間でいいから、どこで何をしようが干渉しないでもらいたい」

今思い返すと、あり得ないくらい図々しいことを言ってしまったものだと赤面するが、私を中途採用した上司は何も理由を聞かずに「いいよ」と即答してくれた。

この三ヶ月間が私の人生を大きく変えた。

会社に出社せず、誰にも邪魔されない鉄壁の孤独の環境から次々と富を生み出した。

独立後上司にその時なぜ自由にさせてくれたのかを聞いたら、「だって俺もそうしてきたから」と笑っていた。

No. 55

孤独になると、ライバルは自分自身になる。

この世に生まれた限り、すべては競争である。

否、正確にはこの世にオギャーと生まれる前から、母親の体内では精子による壮絶な卵子争奪戦が繰り広げられている。

人間社会ではたまたま弱者救済措置がとられて実体がかなりボカされているが、生物界の大原則は弱肉強食でしかない。

ただし、こんな世知辛《せちがら》い世の中でも、負け惜しみではなく本当に競争社会から脱出できる方法が存在する。

散々競争で戦い抜いて虚しくなったら、今度はライバルを自分自身に設定するのだ。

ライバルを自分自身に設定すると、周囲の雑音が気にならなくなる。

6

孤独になると変化したくなる

なぜなら大切なことは他人が何をしているかではなく、自分がどうするかだけだからである。

もしあなたが100メートル走るのに20秒かかっていたとしても、次に19秒で走れたら、あなたは自分に勝ったことになる。

一度もできなかった腕立て伏せが一回でもできるようになれば、あなたは自分に勝ったことになる。

昨日の自分や今朝の自分より1ミリでも進化する以外に、勝利はあり得ないのだ。

ライバルを自分自身に設定する際に大切なことは、ウジャウジャ群れないことだ。

仮に組織に属していたとしても、暇さえあれば孤独な環境に身を置いて、自分を磨くことだ。

剣豪《けんごう》で知られる宮本武蔵も孤独だったが、彼のライバルはいつも自分自身だった。

誰かに勝とうとするのでは、真のナンバーワンになれないことを武蔵は知っていたのだ。

ナンバーワンは自分自身に勝った結果として、おまけとしてついてくるものなのだ。

仮に試合をするとしても相手は自分の砥石《といし》に過ぎず、文字通り「試し合い」なのだ。

私自身の執筆活動についてもこれはそのまま当てはまる。

千田琢哉のライバルは他の誰でもなく、全宇宙で千田琢哉だけだ。

No. 56

スーパーマンは、誰にも見られない場所で変身する。

正義の味方で一番がっかりさせられるのは、「今から変身するから、みんな見てね」とアピールされてしまうことだ。

スーパーマンがカッコいいのは、誰にも見られない場所でこっそり変身するからだ。

普段はうだつの上がらないサラリーマンだから、「どうだ、実は俺がスーパーマンだぜ！」と威張ってみんなを見返してもよさそうなのに、決してそれをしないところに価値がある。

視聴者は「おいおい、ケントの彼女もいいかげん気づいてやれよ！」とハラハラ、ドキドキしながら見守っているのだ。

実はスーパーマンにこそ、「強者の美学」が詰まっているのだ。

強者は、絶対に群れない。

強者は、誰にも知られることなく粛々と技を磨き続けている。

強者は、決して正体を明かさない。

強者は、冴えない仮の顔を持っている。

強者は、仕事が抜群にできる。

強者は、仕事を終わらせるや否や黙って姿を消す。

ひょっとしてあなたはこれらの逆をやらかしてはいないだろうか。

これらの逆をやらかしていると、強者になる道から遠ざかっていく。

強者になりたくない人は、ならなくてもいい。

強者を目指すのは義務ではなく、権利だからである。

ただ私は、何かの分野で強者を目指す人に向けて、こうして本を書いている。

人知れず壮大な夢に向かって刻々と寿命を削っていくのは、最高に楽しい。

私は自分の没後に絶世の美女から、「ウッソー⁉　文筆家は千田琢哉の仮の姿だったのね！」と驚愕《きょうがく》されたい。

No.57

こっそり自分磨きをして、いつか別れた人を後悔させるのが至福の瞬間。

本当に愛していた人にフラれた人はとてもわかりやすい。

過食症か拒食症になって、体型が大きく変化してくる。

性格も妙にハイテンションになるか、うつ状態になるかのいずれかだ。

それが失恋というものだから仕方がない。

しかし、最近ではこうした本当の失恋を経験できる人は、減少傾向にある。

なぜならセックスのハードルが下がって、誰でも疑似恋愛ができるようになったからだ。

20代には、しょっちゅうデートをしてセックスまでしているのに、「別にカレというわけでもないんですけど……」と、その男性の前で平気で口にする女性もいる。

そう考えると、本当の失恋というのは誰もができるわけではない貴重な体験になったのだ。

本当の失恋をしたら、本能にまかせてとことん落ち込むことだ。

そして、時間の経過とともに徐々に復活してきたら、群れて愚痴・悪口・噂話に花を咲かせるのではなく、孤独に自分磨きをすることだ。

孤独にこっそり自分磨きをすると、口からエネルギーを発散しない分だけ継続できる。

皆で集まって「こんなこと始めた！」と自慢をするとそれだけで満足してしまうが、自慢したい気持ちをグッと抑えればそのエネルギーで行動を起こせるというわけだ。

人間はもともと自分の価値を高めたい生き物だ。

難関資格を取得してスキルアップし、別れた相手の会社の親会社に転職するのもいい。

お洒落の勉強をして、別れた相手が後退りするほどかっこよく変身してもいい。

6

孤独になると変化したくなる

膨大な量の映画や本を味わって、久しぶりに会った相手が退屈な人間に思えてくるまで成長してしまうのもいい。

たいていは本当に成長すると、別れた相手のことはどうでもいい存在に思えるものだ。

No. 58

みんなで仲良くは、成功できない。

成功したい人は多い。

成功するということは、誰かに引っ張り上げてもらうことだ。

才能があったり、可愛げがあったり、人によって理由は様々だが、先に成功した人から「こっちへ来なさい」と手を差し伸べてもらえるのが、成功への近道なのだ。

みんなで仲良く手を繋いで同時に成功することはできない。

みんなで仲良く手を繋いで成功できると思っていると、才気溢れる誰か一人が突出した場合に、足の引っ張り合いになってしまう。

これはサラリーマン社会でも、ベンチャー企業の共同経営でも、よく見られる現象だ。

6

孤独になると変化したくなる

もしあなたが本気で成功したければ、自分は最後に成功すればいいと考えることだ。

自分が最後に成功すればいいと決めておくと、周囲がライバルにならない。

むしろ周囲には、将来自分を引っ張り上げてもらわなければならないから、どんどん応援したくなるはずだ。

何を隠そう、私自身がこの作戦で連戦連勝だった。

サラリーマン時代には上がつかえて険悪ムードだった中、私は自分の出世をあえて半年遅らせるよう上司に提案した。

その結果、さらに半年後には上につかえていた〝補欠の先輩〟すべてをごぼう抜きして、レギュラーメンバーの仲間入りを果たし、今と変わらないくらいの自由を獲得できた。

そもそもコンサルタントというのは、他人を応援するのが仕事だ。

生粋の応援したがり屋だった私は、コンサルタントは今でも自分の天職だったと確信している。

サラリーマン時代の終盤では、とりわけ親しかった身近なメンバーたちがすべて転職や独立で成功するのを見届けてから、最後にようやく私が独立した形になる。結果として独立初日から直接的にも間接的にも周囲に応援してもらえて、何も困らずにトントン拍子でビジネスを軌道に乗せることができた。

人を応援するということは、最後に応援してもらえる人になるということだ。

No.59 有言実行より、不言実行のほうがずっと簡単。

最初にお断りしておくが、有言実行は素晴らしい。

口に出したことをそのまま実現させてしまうのだから、男の中の男だと私も憧れる。

ところが有言実行は難易度がとてつもなく高い。

いくら本人に実力があっても、世界情勢の影響や想像だにしない自然災害などによって実現できなくなることもある。

やむを得ない事情によって実現できなくても、無責任な傍観者からはバッシングを受けることも多い。

人間が神ではない以上、言ったことを100%実現させることは不可能に近い。

だからこそ有言実行には価値があるのだが、高いリスクも伴うということだ。

そんなリスクの高さについ尻込みしてしまうあなたには、不言実行をオススメしたい。

不言実行とは、黙って何かを成し遂げることだ。

そもそも口に出して宣言しないのだから、何も成し遂げられなくても、誰にも知られず、誰からも責められない。

こう考えると、有言実行より不言実行のほうがずっと簡単だということがわかるはずだ。

その上、不言実行だと「あの人は寡黙《かもく》だけど凄い」「余計なことを言わない男らしい人」といったように過大評価されやすい。

本当は有言実行のほうが遥かに勇気と実力を求められるのに、不言実行のほうが好感を持たれることも多い。

第一線で活躍する政治家や経営者たちは、あえてリスクの高い有言実行の道を選んで、本当に偉いと思う。

ただしあなたまで一緒になって有言実行を真似していると、「ビッグマウス」

「口だけで信頼できないヤツ」といったレッテルを貼られて、成功する前に干されてしまう。

ちゃんと成功するまでは、寡黙に粛々とやるべきことをやったほうが賢明なのだ。

No. 60

人と会う時間は、全体の1%でいい。

成功者というのは、滅多なことでは人と会いたがらない。

サラリーマン時代の私はこのことが不思議でならず、どうしてもっと見識を広げようとしないのかと腹立たしく思ったものだ。

ところが、じっくりと成功者たちと付き合うようになった頃に、どうして彼らが人と会いたがらないのかがわかるようになってきた。

これまでの人生でたくさんの人と会ってきたから、特別に面白そうな人でない限り、パターンが読めてしまって時間のムダなのだ。

もちろんどれだけ厳選して人と会っても退屈な人が大半だが、それでも見つけた数人の面白い人から学んだ知恵を、独りの時間に反芻《はんすう》して知恵に昇華させ、ますます成功していくのが成功者だ。

ここで大切なことは、人と会う時間をゼロにしたいというわけではないということだ。

人と会う時間を全体の1%に抑えることによって、残りの99%を自分と向き合うことに集中して充実させたいということなのだ。

これは私自身がサラリーマン時代のラスト5年間で実証済みだからよくわかるのだが、特定の分野で水準以上の実績を残して地位を築くと、放っておいても会いたいという人が殺到する。

その際にすべての人と会っていてはこちらの身がもたないし、自分を磨く時間が減ってしまうから魅力が激減してしまう。

有名な経営者や著名作家には、インタビューはもちろん、マスコミの取材はすべてお断りという人もいる。

その分の時間を、より会いたいと思える魅力的な人と会ったり、一人思索に耽《ふけ》ったりして成長したいのだ。

どんなに忙しくても独りの時間を確保しなければ、人は絶対に成長できない。

7

孤独になると人生が変わる

孤独を味わうことで、
人は自分に厳しく、他人に優しくなれる。
いずれにせよ、人格が磨かれる。
By ニーチェ

No. 61

あなたの上司は、あなたの未来だ。

あなたは上司のことが好きだろうか。

それとも上司のことが嫌いだろうか。

いずれにしても、あなたの上司はそのままあなたの未来なのだ。

この衝撃の事実から目を背けていると、将来必ず後悔することになる。

あなたより5年先輩は、あなたの5年後の姿なのだ。

あなたより10年先輩は、あなたの10年後の姿なのだ。

あなたより20年先輩は、あなたの20年後の姿なのだ。

「そんなはずはない！」「自分はそこまで落ちぶれていない！」とあなたは反論したくなるかもしれないが、上司や先輩もあなたと同い年の頃は100％そう思っていたのだ。

私がそれを確信したのは、サラリーマン時代に管理職になってしばらくしてからだった。

部下に説教する口調や、完膚《かんぷ》無きまで論破するプロセスに至るまで、すべて自分の上司と瓜《うり》二つになっていることに、話している途中で気づいて絶句してしまったことが何度かある。

上司にかかってきた電話に私が出ても、かけてきた相手は間違ったまま私に話し続けるくらいに酷似していた。

自分の上司の大嫌いだった部分まで全部自分に刷り込まれていることに気づかされた。

それだけではない。

私の性格の大半は、これまでに出逢ってきた上司や先輩によって形成されているという事実にも気づかされた。そのくらい上司や先輩の影響力は絶大なのだ。

私が今こうして本に書いている内容も、元ネタはすべてこれまでに出逢ってきた上司や先輩がベースになっていると考えていい。

あなたがどんなに否定しようが、あなたは今身近にいる上司や先輩そのままのコピーになっていく。

これは、物理的にというだけでなく、精神的な自立の話だ。

そのままの道を歩み続けるのも人生だし、卒業して新しいコースを歩むのもまた人生だ。

No. 62

見下されるとチャンスが得られる。

群れから飛び出すと、たいていは露骨に見下される。

たとえばあなたが脱サラしたとしよう。

所属していた会社が一流企業であればあるほど、周囲はあなたが失敗する姿を見たいと切に願うものだ。

取引先の零細《れいさい》企業の社員たちは、「よし！　アイツはこっち側にきた」と小躍りするに違いない。

元同僚だった連中は、「うちの会社を辞めるなんて、戸籍がなくなったようなものだ」と、超上から目線で同情してくるだろう。

もちろん同情の裏には、「自分たちはそんな愚かなことはしないから正しい」といった自己正当化の意識が横たわっている。

元同僚たちは、命がけで自己を正当化しなければアイデンティティが崩壊し、自分の存在意義を失ってしまうからだ。

だが、なんと言われようと、自然現象だと思って諦めることだ。

むしろ見下してくれたことによって、群れから飛び出したことを後悔するのではなく、自分の決断が間違っていなかったと確信を持てるはずだ。

群れから見下されるということは、チャンスを与えられたということなのだ。

まず、見下されるとやる気が漲ってくる。

次に、本物の人脈と偽物の人脈がくっきりと浮き彫りになってくる。

最後に、自分はヒツジの群れコースではなく、孤高の獅子コースを選んだという誇りを持つことができる。

私の場合は脱サラするまで散々経営者たちからこのような話を何度も聞かされ続けていたから、思ったほどでもなかったと記憶している。

そして自分は、仮に見下される側になっても、見下す側に落ちぶれたくないと強く思い続けていた。

No. 63

孤独になると、自分が本当に好きだったことを思い出せる。

「好きなことにとことん打ち込めば成功できる」という自己啓発書の教えは、果たして本当だろうか。

本当だ。

それどころか、好きなことで成功しなければ成功は長続きしない。

そして、好きなこととは、探すのではなく思い出すものだ。

幼少の頃から20歳くらいまでの間で自分が夢中になっていたことは何だったか。

特に意識していなかったのに、誰かから褒められたことはなかったか。

ここは一つ、あなたの成功がかかっているのだから、両親や祖父母、友人知人に真剣に頭を下げて一緒に思い出してもらうことだ。

思い出す際に注意しなければならないのは、他人の話を聞いている間は自分の思い込みを殺すことだ。

いかなることがあっても、「そんなの好きなことじゃない」「別にたいした能力じゃない」という発言はご法度《はっと》だ。

日本人女性で世界クラスのスーパーモデルとして活躍するような人は、思春期の頃はみんな自分の過剰なほどのデカさにひどいコンプレックスを抱いていたものだ。

それはそうだろう。

身長180センチ近くの女子高生が電車に乗っていたら、もうそれだけで確実にヒソヒソ話の対象になるはずだ。

あなたは別にモデルを目指しているわけではないかもしれないが、本当に好きなことや才能というのは、概して自分では「あり得ない」と思い込んでいるものなのだ。

自分をよく知っている人に意見を仰ぎながら、同時に今目の前にある仕事に没頭しよう。

ここで大切なことは、どんなに忙しくても必ず独りになる時間と空間を確保することだ。

「これだ！」と人生を賭けるものに出逢うのは、必ずあなたが独りでいる時間なのだ。

No. 64

孤独になると、悔しい過去を思い出す。

孤独になる時間を持ってしばらくすると、ふとした瞬間に悔しい過去を思い出すことがある。

これがあなたの夢を実現するための、最高のエネルギー源になる。

私は書斎に独りでいると、しょっちゅう昔のことを思い出す。

「あの時は、何てバカなことをしてしまったんだ！」「あれは空気読めていなかったなぁ～」「ひょっとしてあの時、自分はバカにされていたのか？」と、沸々と恥ずかしさや怒りが込み上げてくる。

特に夜中に執筆活動をしていると、次々に悔しい過去が溢れ返ってくるパターンにも、ここ最近気づかされた。

ここまで読むと何やら危ない人のように思うかもしれないが、そうではない。

7

孤独になると人生が変わる

私にとってこの恥ずかしさや怒りというのは、どんなにお金を払っても買えないほどの貴重なエネルギー源なのだ。

放っておいてもやる気が漲ってくるし、放っておいても目が冴えてくる。

過去の恥ずかしさや悔しさが怨念《おんねん》となって、仕事に命が吹き込まれる。

私のような文筆家に限らずものづくりをしている人たちは、きっと同じ経験をしているはずだ。

職人には孤独な人が多いが、それは静かに心を燃やし続けられるからだ。

群れてしまうと、つい仲間と話し過ぎて行動するエネルギーがゼロになってしまう。

それだとすっかり丸くなって〝いい人〟になるかもしれないが、〝仕事ができるヤツ〟にはなれない。

仕事ができるヤツというのは、必ずどこかにハングリーさを醸し出している。

ハングリーさとは向上心のことであり、その人の伸びしろのことだ。

孤独になれば、ハングリーさはいくらでも獲得できる。

No. 65

孤独になると、いい背中になる。

私は書斎にお越しいただいた人を見送る際に、必ず相手の背中をじっくりと見る。

背中を見れば、その人がどのくらいの実力かがわかるからだ。

0点の実力の人は、0点の背中をしている。

30点の実力の人は、30点の背中をしている。

60点の実力の人は、60点の背中をしている。

100点の実力の人は、100点の背中をしている。

ここで面白いのは、平社員で課長の背中をしている人は、まもなく必ず出世することだ。

部長で課長の背中をしている人は、まもなく必ず左遷されることだ。

7

孤独になると人生が変わる

誰もが前方には気を遣うが、後方は油断してしまう。

ところが、こちらにとっては相手の前をジロジロ見ることは少ないが、後ろ側ならいくらでも見ることができるのだ。

他人の印象に残るのは、いつもあなたの後ろ姿だということを憶えておけば間違いない。

いい背中をしていれば、あなたは役職に関係なく立派な人物という印象を与えることができる。

しょぼい背中をしていれば、あなたは役職に関係なくしょぼい人物という印象を与えることになる。

もしあなたがいい背中になりたければ、方法は簡単だ。

いつも孤独でいるように努めることだ。

孤独でいれば、あなたは役職に関係なく「あなた」という人間の主人になれる。

1万人の組織のナンバーツーでいつもナンバーワンに媚びている背中よりも、独りでも孤高に生きているほうがいい背中になれるのだ。

試しに今日から背中を意識して孤独に生きてみることだ。
自分の背中を意識するようになると、カッコいい人の背中が気になり始める。
カッコいい人の背中を真似しているうちに、あなたも確実にカッコよくなるのだ。

No. 66

孤高に生きると、別の孤高に生きる人と巡り合う。

私が孤独になるのが好きなのは、ふと出逢う人も必ず孤独な人になるからだ。

私が群れるのが嫌いなのは、ふと出逢う人も必ず群れている人になるからだ。

出逢いは孤独同士でなければ、つまらない。

孤独同士で一対一の対話でなければ、相手と全力でぶつかり合うことができないからだ。

相手と全力でぶつかり合うことができなければ、お互いに寿命を削りながら会って話をするのがもったいない。

自分にも失礼だし、相手にも失礼になる。

これは私の仕事の姿勢にも徹底させている。

出版社から上司と部下が連れだってやってくると、私は露骨に嫌な顔をする。

場合によっては、その会社の仕事を断ることにしている。

どちらかが決定権者なら、決定権者のみが会いに来ればいい。

上司に同行してもらわなければならない程度の実力なら、その仕事はまだ早い。独りで来られる実力をつけてから来るべきなのだ。

私は出版社の社長とも仕事をしたことがあるし、平社員とも仕事をしたことがある。

大切なことは役職に関係なく、正々堂々と独りで勝負する覚悟があるということだ。

独りで勝負する社長はさらに会社を発展させていくし、独りで勝負する平社員はすぐに出世していく。

私は会社を発展させていく経営者が好きだし、出世するサラリーマンも大好きだ。

私と出逢った人には、すべて成長してもらいたいと思っている。

逆に私も誰かと出逢ったからには、必ず成長したいと思っている。

7

孤独になると人生が変わる

お互いに成長し合える関係とは、孤高の出逢い以外には存在しないのだ。

独りぼっち同士の出逢いは「点」の出逢いだから、お互いの心を突き刺し合える。

だが、二人や三人の出逢いは「線」や「面」の出逢いだから、お互いの心に刺さらない。

No. 67

孤独に慣れると、もう二度と群れには戻りたくない。

脱サラして失敗した人間が一番嫌がるのは、もう一度サラリーマンに戻ることだ。

生活のためにやむを得ないからと再就職はしたものの、「本当は耐えられない」と本音を漏らす。

理由は簡単で、一度孤独に慣れた人間にとって再び村社会に帰らなければならないのは拷問に等しいからだ。

もし一度でも自分の好き放題に挑戦できる人生を経験すると、もう二度と他人の価値観なんて強要されたくなくなるのだ。

極端な話、食べていける確信があれば、誰だって脱サラしたいはずだ。

私自身を含めた周囲の脱サラ経験者たちは、「自分が脱サラして一番幸せを感じたのは、経済的に豊かになったことではなく、価値観を強要する人が誰もいなくなったことだ」と口をそろえる。

これを知る人は意外に少ないが、サラリーマンで年収1000万円を稼ぐより、個人事業主で売上1000万円を稼ぐほうが遥かに自由でいい暮らしぶりをしていることもある。

否、仮に個人事業主で売上600万円だとしても、もう一度年収1000万円のサラリーマンに戻りたいと思う人はまずいないだろう。

それは、自由度が格段に違うからだ。

お客様に対して多少融通を利かせなければならないことはあるだろうが、やはり上司がいない点が大きい。

上司に企画を潰されることもないし、仕事の途中で名前を呼ばれて中断する必要もない。

価値観が一致してお互いを尊敬し合える信者のような顧客を確保できれば、もう面倒な顧客とも仕事をする必要がなくなる。

この境遇に到達すると、自分の人生を主人公として生きている実感が湧いてくる。

他人に強要された正しいことよりも、間違っていても自分が納得できることをやろう。

ここだけの話、世間で間違っていると言われることのほとんどが楽しい。

No. 68

孤独に慣れると、いいオーラが発散される。

同性でも異性でも颯爽《さっそう》と歩き、いつも姿勢の美しい人はいないだろうか。
颯爽と歩いて姿勢の美しい人は、いいオーラを発散しているだろう。
いいオーラに包まれている人は、孤独な人だ。
そもそもウジャウジャ群れて颯爽と歩いている人はいない。
ウジャウジャ群れて姿勢の美しい人もいない。
群れている人は100%の確率で醜い姿勢でダラダラ歩いているのだ。
孤独の初心者はまだぎこちない姿勢でぎこちない歩き方だから、「頑張れよ！」
と思わず声をかけたくなる。
ぎこちない理由は簡単で、孤独が寂しくてまだ群れることに未練があるからだ。
孤独の中級者になると背筋が伸びて歩き方も様になってくるから、一緒に仕事をしたいと思わせるくらいに魅力的だ。

孤独の中級者の注意点としては、それなりに実力も備わってくるから、無意識のうちに群れのヒツジたちを威嚇《いかく》してしまうことがあるということだ。

これが孤独の上級者になると、ただそこに存在するだけで心地好いオーラを発するようになる。

姿勢や歩き方も完全に本人に馴染んでおり、肩の力は抜け、むしろ印象に残らないくらい自然なオーラを発している。

とにかく行動が優雅で素早いから、さっきまでそこにいたかと思えばもう姿が見えなくなっている。

そしてその名残惜しさがよりオーラに磨きをかけ、「もう一度会いたい」と周囲に思わせるものだ。

最初は誰もが孤独の初心者からスタートする。

大切なのは孤独の初心者を笑うことではなく、自分がまず孤独のスタートラインに立つことだ。

No. 69

孤独に慣れると、モテ始める。

男女問わず仮に同じスペックなら、群れに埋もれているより独りでいたほうがモテる。

これは参加者の多いパーティーを想像してみればわかりやすい。

特別有名なわけでなく、美男・美女というわけでもないその他大勢の人々は、ただその場にいるというだけでは何の出逢いもないはずだ。

群れに混ざって社交辞令で挨拶を交わし、名刺交換をしたとしても、何か関係が発展するわけでもない。

ところが群れから外れて独りでいると、もうそれだけで存在が浮くから際立つ。

「浮く」と聞くと何やら悪いことのように思う人もいるが、モテる人は例外なくどこか浮いているものだ。

モテるためのスタートは、まず浮いた存在になることなのだ。

私はサラリーマン時代にパーティーの実行責任者を数百回は務めたが、参加者の観察をするのがとても好きだった。

魅力的な人は集団からするりと抜け出して、必ず独りぼっちになる。

そして別の独りぼっちの人に話しかけるのだ。

実は相手も独りぼっちになったほうが、魅力的な人と出逢えることを知っていて、あえてそうして待っていたのだ。

もちろん男女のカップルが誕生するのもいくつも見てきたが、どれも本質は同じだった。

どんなに群がっている集団の中にいても、それが運命の出逢いであれば仮に会場の端と端にいたとしても、お互いを引き寄せ合うものだ。

ただし、運命の出逢いには外せない条件が一つだけある。

お互いに独りぼっちでいることだ。

独りでいても魅力的な人が見つからず、誰からも話しかけられなかったらどうするか。

それなら喜んでさっさと会場を抜け出して帰宅し、独りで本や映画を楽しめばいいのだ。

No. 70

自分の名前がブランドになれば、勝ち。

今だから正直に告白するが、私はサラリーマン時代に酷いコンプレックスを抱えていた。

それは、仕事でどんなに成果をあげても、「〇〇会社の千田」と憶えられてしまうことだ。だからピンで勝負しているミュージシャンや芸能人、作家などを見るたびに、自分自身の小粒さに絶望した。

テレビや雑誌で成功者を目にしても、感動したり笑ったりするような余裕などはなく、「俺はいつまでこっち側の人間なのだろうか。ひょっとしたらこのままずっと……」と頭をよぎると非常に焦った。

自分の名前をブランドにしている人たちが、本当にうらやましかったのだ。

ファッションの世界でも、デザイナーたちは自分の名前をブランドにしている。

欧州の超高級機械式時計の世界でも、職人たちは自分の名前をブランドにしている。

コピーライターの世界でも、広告代理店の名前より独りの天才の個人名のほうが桁違いに名前が売れる。

超一流の人と名刺交換すると、フルネーム以外何も記載されていない。

住所やメールアドレスはもちろんのこと、肩書も何もないのだ。

「ひょっとして……」と期待して裏返しても、ただの白紙なのだ。

これに対して三流の人と名刺交換すると、隙間なくビッシリと文字が並んでいる。

肩書が二つや三つあるのは当たり前で、肩書も奇抜なカタカナのものが並んでいる。

住所もメールアドレスも複数記載されており、どこに送れば連絡がとれるかがさっぱりわからない。

恐る恐る裏返してみると、そこには「○○協会理事」「○○の会代表」「○○法人参事」といった、どれも聞き慣れない怪しい組織の役職までビッシリと並んでいる。

これは本の世界でも同じだが、プロフィールの長さと著者の実力は反比例する。

私は将来、プロフィールは書かないのが夢だ。

8

孤独になると道が拓ける

孤独なとき、
人間はまことの自分自身を感じる。
By トルストイ

No. 71

すべてのゴタゴタは、孤独になれば一掃できる。

毎日いろんなニュースが飛び交っている。
あなたの周囲も日々トラブルだらけで、いいかげん辟易《へきえき》しているかもしれない。
だが、この世のすべてのゴタゴタは、その場を離れて孤独になれば一掃できる。
ゴタゴタがなぜゴタゴタするかと言えば、いつまでもその場にいるからだ。
ゴタゴタというのは、台風の目だと考えればいい。
その場にいる限り、台風に巻き込まれるのは自然の摂理なのだ。
シンプルだけど、それだけの話なのだ。
たとえばあなたが交通事故に巻き込まれたとしよう。
交通事故に巻き込まれたこと自体は、運が悪いことではない。
運のいい人だって交通事故に巻き込まれることがある。

8

孤独になると道が拓ける

運のいい人と悪い人の違いは交通事故に遭うか否かではなく、交通事故に遭ってからの対応で差がつくのだ。

運のいい人は、すぐに警察と保険会社に電話して、あとはゴタゴタから離れて待機しておく。

間違っても周囲に群がってきた野次馬には関わらない。

運がいい人は、自分から必要以上にゴタゴタに首を突っ込まない。ゴタゴタに首を突っ込まないということは、不運をシャットアウトできるということだ。

これに対して運の悪い人は、ゴタゴタに近づいていって、ますますゴタゴタに巻き込まれていく。

運の悪い人は、何かトラブルがあるとすぐに首を突っ込みたがる。

群がってきた野次馬にもつい反応してしまう。

ゴタゴタが起きたら、とりあえず台風の目からは離れておけば間違いない。

No.72

転職や脱サラなんて、実はどうってことない。

あなたは転職を考えたことがあるだろうか。

もし本気で転職を考えているのであれば、必ず転職経験者の話を聞いてみることだ。

転職未経験者では絶対に出てこない生の言葉が聞けるだろう。

ちなみに私は転職の経験者だが、もし現在のあなたの給料が下がってもいいのであれば、転職したほうがいいと思う。

周囲が反対するのにあなたがまだ迷っているのであれば、転職したほうがいいと思う。

つまり「……だから転職する」のではなく、「……なのに転職する」人が、転職に向いているということだ。

8

孤独になると道が拓ける

あなたは脱サラを考えたことがあるだろうか。

もし本気で脱サラを考えているのであれば、必ず脱サラ経験者の話を聞いてみることだ。

未経験者では絶対に出てこない生の言葉を聞けるだろう。

ちなみに私は脱サラ経験者だが、もし年収を2倍にするために3倍以上働ける覚悟があれば、脱サラしてもいいと思う。

周囲に反対された程度で迷っているようでは、絶対に脱サラしてはいけない。

つまり「……だから脱サラする」ではなく、「……なのに脱サラする」人が脱サラに向いているということだ。

自分の好きな人生を選んでいくということは、「……だから」より「……なのに」を選んでいくということなのだ。

石器時代から現在に至るまで「……だから」を選ぶ人は99％で、「……なのに」を選ぶ人は1％だという比率は変わらない。

「……だから」を選ぶ人々はいつも群がっていて、「……なのに」を選ぶ人はいつも孤独だ。

「……だから」を選ぶ人々はいつも権利を主張していて、「……なのに」を選ぶ人はいつも「……だから」を選ぶ人々の権利を聞いてあげている。

自分がどちらになるかを選ぶのも自分だ。

No.73

独立する際に、「連れション」しない。

これまで私は数多くの脱サラを目の当たりにしてきた。

コンサル会社というのはもともと独立志向の強い社員の比率が高い。最初から辞めるつもりで入社してくる社員も珍しくない。

何を隠そう私自身もその一人だったのだが、脱サラする人たちをじっくり観察しているうちに、面白い事実に気づかされた。

独りで脱サラしていく人と、ごそっと「連れション」で仲間を引き抜いていく人がいたのだ。

独りで脱サラしていく人が成功し、仲間を引き連れていく人が失敗するわけではない。

脱サラはそこまで単純ではない。

だが、飛躍して成功する人はたいてい独りで辞めた人たちであり、仲間を引き連れて辞めた人たちは元いた会社の超小型バージョンでこぢんまりと生きていたことが多かった。

仲間を引き連れて辞めた人たちの中には、社内のスーパースターもいた。きっとあのスーパースターなら偉大な業績を残すのだろうと私はドキドキしていたが、結果としてはサラリーマン時代より大幅に劣った実績に甘んじているようだった。

それに対して独りで辞めた人の中には、サラリーマン時代とは桁違いの卓越した実績を残している人が複数いる。

最初から元いた会社の小型バージョンでもそこそこやっていければいいと考える人もいるから、それはそれでいい。

だが独立したからには飛躍したいと考えるならば、やはり最初は独りで始めるべきだ。

「連れション」するとどうしてもこぢんまりとしてしまうのは、お互いに依存心があってなぁなぁになってしまうからだ。

最悪の場合は一つの会社に代表取締役が複数いて、喧嘩別れして頓挫した例もある。

独立というのは、文字通り「独りで立つ」ことなのだ。

No. 74

40年かけて社長になるより、今すぐ社長になるほうが簡単。

こうして本を書くからには正直に告白しなければならないが、私はサラリーマン社長を目指したことはただの一度もない。憧れたことも一度もない。

当時はあちこちで金融機関が倒産しまくっている最中だったという時代背景はあるが、私が最初に就職した保険会社の代表取締役の年収は約4000万円だったと記憶している。

現在のメガバンクになる前、二桁は存在した都市銀行の頭取たちの年収も、だいたいその程度が多かったはずだ。

当時新入社員だった私の年収が400万円くらいだったから、この事実を知って驚愕したものだ。

孫のいる年齢にまでなってようやく組織の頂点に立てたのに、新入社員のたっ

た10倍しか稼げないとは何というお気の毒な話だと心底同情した。

当時の社長は、ちょうど入社40年目で代表取締役になっていたから、気が遠くなるほど自分の寿命を投資した割には超ローリターンなのだ。

それ以上に彼に敗れ去った圧倒的多数の同期たちは、同じ時間を費やしてもさらにその数分の1のリターンしかなかったわけだから目も当てられない。

最後に勝ったところでそれ程でもない賞金しかもらえないこの競技に、のんべんだらりと参加しているサラリーマンのなんと多いことか。

同じ社長でもサラリーマン社長になるのはダントツで難しく、何よりも時間がかかる。

それよりは今すぐ独立して社長になるほうがずっと簡単だし、若いうちに自分の好きな時間に好きな仕事ができる。

独立する一番の旨みはお金ではない。自分の時間が獲得できることなのだ。

若い頃から経済力と自由時間を獲得できるのと、60代になってからようやく経済力と自由時間を獲得できるのとでは、その意味がまるで違うのだ。

No. 75

枠からはみ出るから新しいものがつくれる。

私は学生時代から教師の存在がとにかく邪魔だった。

社会人になってからは上司の存在がとにかく邪魔だった。

自分より立場が上の存在が邪魔で仕方がなく、どうしてみんなはこれに耐えられるのだろうといつも不思議に思っていた。

周囲の親しくなった同僚にこのことを告白しても、「そりゃあ、本音では誰だってそうだけど……」とお茶を濁され続けた。

コンサル会社に転職して親しくなった社長にも同じことを告白してみたところ、まったく別の答えが返ってきた。

「だから独立するんだよ」

当たり前といえば当たり前だが、全身に電流が走ったとはまさにこのことだった。

それ以来いろんな創業社長と会うたびに同じ質問をしてみたが、同じ答えが返ってきた。

創業社長たちはそろいもそろって上司が邪魔で仕方がなかったと告白してくれた。

それどころか学生時代から教師が大嫌いで、「どうして俺のほうが（根拠はないが）偉いのに、こいつらに頭を下げなければいけないのか」と悩み続けてきた点も同じだった。

独立して何か事業でもやらなければ、自分はきっと犯罪者になっていたと告白する社長もいたくらいだ。

もちろん学校教育の教えではこんな考えは完全に間違っている。

真っ当な人生を歩んできた人たちにとっては、道徳的にも間違っているに違いない。

だが、枠からはみ出して変人扱いされた人たちこそが、次代をつくっていくのだ。

教師や上司など目上の人間が嫌いなら、一度とことんそれを貫いてみることだ。

目上の人間嫌いを貫くと、独立せざるを得ない。

そして独立して圧倒的な力をつければ、たいてい体の芯から余裕が生まれてくる。

〝元〟目上の人たちに対して、とても落ち着いて接することができるようになった時、自分の成長を自分で実感できるだろう。

No. 76

扱いにくい部下がいない自由は、筆舌に尽くし難い幸せだ。

サラリーマンの悩みで多いのは、上司に対するものより、部下の扱いについてだ。一見すると逆のようだが、少なくとも私に届く悩み相談メールや手紙を読んでいる限り、そうなっている。

真剣に悩んでいるから、本を読んで解決しようと一生懸命に勉強しているのだろう。

きっと真面目な人だから、毎日部下とコミュニケーションもとったことだろう。挨拶も自分から率先してきただろう。

自己啓発セミナーにも参加して、大声で叫ばされた人もいるかもしれない。

私はそういう人に向けて本を書いているし、本質的に問題を解決してあげたいと思う。

もし部下に対してやるべきことをすべてやった上でもうヘトヘトになっているのなら、放置プレイでいい。

それも中途半端な放置プレイではなく、筋金入りの放置プレイだ。

挨拶くらいはしてやるとしても、他は完全に空気のように扱っておけばいい。

話しかけてきた場合に限り、必要最小限で表情を変えずに淡々と教えてあげよう。

ハッキリ言って、サラリーマンは胃に穴をあけるほどの給料をもらっていない。

そして部下もあなたも人間である限り、確実に相性というものがある。

相性が合わなければ、どうあがいても合わないのだ。

部下が異動するまで空気として扱っておけば、たいてい時間が勝手に解決してくれるが、あなたの身がもたなければあなたが異動願いを出すのもいいだろう。

いっそのこと、部下なしサラリーマンとして職人コースを選ぶ方法もある。

あるいはさっさと独立して部下なんて最初から採用しないか、好きになれる人材だけを採用して部下にすればいいだけの話だ。

No. 77

「同期」とはライバルのことだ。

サラリーマンは同期がとても大切だと思い込んでいる人が多い。
ひょっとして会社によっては、研修で「同期は一生の友」と刷り込まれるかもしれない。

だが実際には同期は例外なくすべてライバルだ。

最初のうちはなぁなぁに傷をなめ合える関係でいられるかもしれない。
ところが何年か経過すると、必ず差がつくようになっている。
あなたが同期より有能と評価されれば、あなたは同期より厚遇される。
場合によっては、同期を「君付け」「呼び捨て」で呼ばなければならない。
表面上はともかく、あなたは勝ち組だ。
いやらしい話だが、もしあなたに妻子があれば勝ち組の妻子だ。

あなたが同期より無能と評価されれば、あなたは同期より冷遇される。

場合によっては、同期に「君付け」「呼び捨て」で呼ばれなければならない。

表面上はともかく、あなたは負け組だ。

いやらしい話だが、もしあなたに妻子があれば負け組の妻子だ。

人間社会では弱者救済措置がとられてお茶を濁されているが、根底には他の動物たちと同様に弱肉強食という揺るぎない本能が流れている。

ところがこれはサラリーマンという枠組みの中だけでの話である。

否、正確にはあなたの会社のみでしか通用しない超マイナーな話だ。

騙されてはいけないのは、同期という厄介な連中と競わされるのは、ひたすら会社側の都合だということだ。

そこで踊らされるのも、脱出して自由に生きるのもすべてあなたの自由だ。

私の場合サラリーマン時代に転職を経験してから同期の存在はなくなってしまったが、それでも随分身軽になった記憶がある。

そして今では同期はもちろんのことライバルもいないから自分と闘っている。

No.78

親と別居すると、お互いの寿命が延びる。

昔『ひとつ屋根の下』というテレビドラマがあった。

貧乏家族の話だったが、世の中の本質を見事に衝いていた。

いつの時代も貧乏は『ひとつ屋根の下』で群れて生きていくのが鉄則だからである。

貧乏が離れ離れになると、ますますお金がなくなってしまうは自然の摂理なのだ。

仮にもし今のあなたが力なき貧乏だとしたら、堂々と親と同居すべきである。

そして親に家賃も食費も払わないで生きていけば、ニートでもフリーターでも安月給のサラリーマンでも飢え死にすることはない。というより現実には生き残る道はそれしかない。

これは会社も同じである。

倒産間際の貧乏会社がどうしても生き延びたければ、他社に買収される以外に道はない。

つまり企業のM&Aとは、『ひとつ屋根の下』と根本的な考え方は同じなのだ。

しかし、もしあなたが起死回生のターンアラウンドを狙うのであれば、話は別である。

最初は親と同居してもいいが、最低限の経済力を身につけたらさっさと別居することだ。

どんなにしょぼいアパートでも、どんなに粗末な食事でも、それが分相応というものだ。

別居すると、否が応でも自立していかなければならない。

これまでダメ人間だったのが自立しなければならないとなれば、頭も体もフル回転する。

全身の細胞が活性化して、生命力が漲ってくる。

孤独になってありのままの自分と向き合うと、セカンドバースデーを迎えられ

るのだ。

人生を二度生きることができる。

散々甘やかしてきた親にしても、出来の悪い子どもと別居するほど心配なことはない。

同じ子どもでも、出来の悪い子ほど可愛いからだ。

だが心配をかけると、親は「まだまだ死ねない」と適度な刺激になって、より長生きできる可能性が高い。

結果として、親子ともに寿命が延びるというわけだ。

No. 79

夫婦別居すると、濃いセックスができる。

どんなにラブラブのカップルでもピークは半年で終わり、2年もすればマンネリ化してくる。

甘い結婚生活というのは2年で終わりを告げ、たいていは何らかの工夫をしなければ結婚生活が苦行になる。

口には出さずとも、それが大半のカップルの本音というものだ。

セックスすら苦痛になれば、本来は離婚するのが自然の摂理に則《のっと》っている。

だからと言って離婚を繰り返していると、特に男性は慰謝料や資産までふんだくられるから割に合わない。

女性も離婚を繰り返していると、徐々に目がつり上がって鬼の形相になってくる。

離婚するたびに化粧も濃くなって、服装もネイルも派手になってくる。

そこでいいとこ取りをしたのが、昔からよくある夫婦別居だ。

昔は別居と聞くとどこか離婚の準備のようなイメージがあったが、今はラブラブなのに別居している夫婦は多い。

いやらしい話になるが、概して貧乏人の別居はお金が続かないために離婚になりやすく、お金持ちの別居はそのまま優雅に長続きしやすい。

毎月何回、年に何回と決めて定期的に会うと、まるで恋人気分でときめくことができて、セックスも濃くなる。

昔から芸能人にはこうした夫婦別居はよく聞いたが、私の周囲の経営者の中にも最近は増えてきたように思う。

なかには子どもが成人したら離婚しましょうという約束をしていて、それをそのまま実行に移したとても幸せそうな元夫婦もいる。

結婚に対する考え方が多様化し始めてそれらが実際の行動に移され始めてきたのだが、これからは結婚制度そのものが根底から覆《くつがえ》されると直感している。

No. 80

一つに絞れば、すべての問題は解決する。

きっとあなたは何か問題を抱えて本書を手にとってくれたのだろう。
問題を今より大きくしないためには、あちこちに相談しないことだ。
あちこちに相談すればするほど、あなたの頭の中で勝手に問題が発展していくのだ。
なぜならあちこちに相談すると、あちこちからいろんなアドバイスがもらえるからだ。
いろんなアドバイスをもらうと、あなたの頭は混乱していく。
YESと言う人もいればNOと言う人もいる。
YESの理由も人によってそれぞれ違う。
NOの理由も人によってそれぞれ違う。

8

孤独になると道が拓ける

YES寄りのNOもあれば、NO寄りのYESもある。

こうしてあなたの頭は小さな問題を大きな問題へと発展させていくわけだ。

だがそれは相談に乗ってくれた相手に責任があるわけではない。

一点の曇りもなく100%あなた自身に責任があるのだ。

なぜならあなたがあちこちに相談するのは、本当はその問題を解決したくないからなのだ。

なぜあちこちに相談するかといえば、「だって、みんな好き勝手なことばかり言うんだもん！」という言い訳を捏造《ねつぞう》するためである。

何か問題が発生した時には相談すればするほどに、いずれあなたは孤立無援になる。

人は自分がアドバイスをしたことを却下されるのが、嫌いな生き物だからである。

何か問題が発生したらすぐに他人に頼るのではなく、まず自分の頭で考えることだ。

本を読んだりネットで検索したりしながら、自力で調べるのだ。

その上で質問は一つに絞り、あなたの信頼できる相手一人だけに相談することだ。

そうすれば問題は最小限かつ最短で解決するし、その相手とも絆が生まれる。

自分も相手も質問も、すべては一つに絞ることで突破できるのだ。

千田琢哉著作リスト（2017年10月現在）

〈アイバス出版〉

『一生トップで駆け抜けつづけるために20代で身につけたい勉強の技法』
『一生イノベーションを起こしつづけるビジネスパーソンになるために20代で身につけたい読書の技法』
『1日に10冊の本を読み3日で1冊の本を書く ボクのインプット&アウトプット法』
『お金の9割は意欲とセンスだ』

〈あさ出版〉

『この悲惨な世の中でくじけないために20代で大切にしたい80のこと』
『30代で逆転する人、失速する人』
『君にはもうそんなことをしている時間は残されていない』
『あの人と一緒にいられる時間はもうそんなに長くない』
『印税で1億円稼ぐ』
『年収1,000万円に届く人、届かない人、超える人』
『いつだってマンガが人生の教科書だった』

〈朝日新聞出版〉

『仕事の答えは、すべて「童話」が教えてくれる。』

〈海竜社〉

『本音でシンプルに生きる！』
『誰よりもたくさん挑み、誰よりもたくさん負けろ！』
『一流の人生 ― 人間性は仕事で磨け！』

〈学研プラス〉

『たった2分で凹みから立ち直る本』
『たった2分で、決断できる。』
『たった2分で、やる気を上げる本。』
『たった2分で、道は開ける。』
『たった2分で、自分を変える本。』
『たった2分で、自分を磨く。』
『たった2分で、夢を叶える本。』
『たった2分で、怒りを乗り越える本。』
『たった2分で、自信を手に入れる本。』
『私たちの人生の目的は終わりなき成長である』
『たった2分で、勇気を取り戻す本。』
『今日が、人生最後の日だったら。』
『たった2分で、自分を超える本。』
『現状を破壊するには、「ぬるま湯」を飛び出さなければならない。』
『人生の勝負は、朝で決まる。』
『集中力を磨くと、人生に何が起こるのか？』

『大切なことは、「好き嫌い」で決めろ!』

『20代で身につけるべき「本当の教養」を教えよう。』

『残業ゼロで年収を上げたければ、まず「住むところ」を変えろ!』

『20代で知っておくべき「歴史の使い方」を教えよう。』

『「仕事が速い」から早く帰れるのではない。「早く帰る」から仕事が速くなるのだ。』


〈KADOKAWA〉


『君の眠れる才能を呼び覚ます50の習慣』

『戦う君と読む33の言葉』


〈かんき出版〉

『死ぬまで仕事に困らないために20代で出逢っておきたい100の言葉』
『人生を最高に楽しむために20代で使ってはいけない100の言葉』
DVD『20代につけておかなければいけない力』
『20代で群れから抜け出すために顰蹙を買っても口にしておきたい100の言葉』
『20代の心構えが奇跡を生む【CD付き】』

〈きこ書房〉


『20代で伸びる人、沈む人』

『伸びる30代は、20代の頃より叱られる』

『仕事で悩んでいるあなたへ 経営コンサルタントから50の回答』


〈技術評論社〉

『顧客が倍増する魔法のハガキ術』

〈KKベストセラーズ〉


『20代 仕事に躓いた時に読む本』

『チャンスを掴める人はここが違う』


〈廣済堂出版〉


『はじめて部下ができたときに読む本』

『「今」を変えるためにできること』

『「特別な人」と出逢うために』

『「不自由」からの脱出』

『もし君が、そのことについて悩んでいるのなら』

『その「ひと言」は、言ってはいけない』

『稼ぐ男の身のまわり』

『「振り回されない」ための60の方法』

『お金の法則』


〈実務教育出版〉

『ヒツジで終わる習慣、ライオンに変わる決断』

〈秀和システム〉

『将来の希望ゼロでもチカラがみなぎってくる63の気づき』

〈新日本保険新聞社〉

『勝つ保険代理店は、ここが違う!』

〈すばる舎〉

『今から、ふたりで「5年後のキミ」について話をしよう。』

『「どうせ変われない」とあなたが思うのは、「ありのままの自分」を受け容れたくないからだ』

〈星海社〉

『「やめること」からはじめなさい』

『「あたりまえ」からはじめなさい』

『「デキるふり」からはじめなさい』

〈青春出版社〉

『どこでも生きていける 100年つづく仕事の習慣』

『「今いる場所」で最高の成果が上げられる100の言葉』

『本気で勝ちたい人は やってはいけない』

〈総合法令出版〉

『20代のうちに知っておきたい お金のルール38』

『筋トレをする人は、なぜ、仕事で結果を出せるのか?』

『お金を稼ぐ人は、なぜ、筋トレをしているのか?』

『さあ、最高の旅に出かけよう』

『超一流は、なぜ、デスクがキレイなのか?』

『超一流は、なぜ、食事にこだわるのか?』

『超一流の謝り方』

『自分を変える 睡眠のルール』

『ムダの片づけ方』

『どんな問題も解決する すごい質問』

『成功する人は、なぜ、墓参りを欠かさないのか?』

〈ソフトバンク クリエイティブ〉

『人生でいちばん差がつく20代に気づいておきたいたった1つのこと』

『本物の自信を手に入れるシンプルな生き方を教えよう。』

〈ダイヤモンド社〉

『出世の教科書』

〈大和書房〉
『20代のうちに会っておくべき35人のひと』
『30代で頭角を現す69の習慣』
『人生を変える時間術』
『やめた人から成功する。』
『孤独になれば、道は拓ける。』

〈宝島社〉
『死ぬまで悔いのない生き方をする45の言葉』
【共著】『20代でやっておきたい50の習慣』
『結局、仕事は気くばり』
『仕事がつらい時 元気になれる100の言葉』
『本を読んだ人だけがどんな時代も生き抜くことができる』
『本を読んだ人だけがどんな時代も稼ぐことができる』
『1秒で差がつく仕事の心得』
『仕事で「もうダメだ!」と思ったら最後に読む本』

〈ディスカヴァー・トゥエンティワン〉
『転職1年目の仕事術』

〈徳間書店〉
『一度、手に入れたら一生モノの幸運をつかむ50の習慣』
『想いがかなう、話し方』
『君は、奇跡を起こす準備ができているか。』
『非常識な休日が、人生を決める。』
『超一流のマインドフルネス』

〈永岡書店〉
『就活で君を光らせる84の言葉』

〈ナナ・コーポレート・コミュニケーション〉
『15歳からはじめる成功哲学』

〈日本実業出版社〉
『「あなたから保険に入りたい」とお客様が殺到する保険代理店』
『社長! この「直言」が聴けますか?』
『こんなコンサルタントが会社をダメにする!』
『20代の勉強力で人生の伸びしろは決まる』
『人生で大切なことは、すべて「書店」で買える。』
『ギリギリまで動けない君の背中を押す言葉』
『あなたが落ちぶれたとき手を差しのべてくれる人は、友人ではない。』

〈日本文芸社〉
『何となく20代を過ごしてしまった人が30代で変わるための100の言葉』

〈ぱる出版〉

『学校で教わらなかった20代の辞書』

『教科書に載っていなかった20代の哲学』

『30代から輝きたい人が、20代で身につけておきたい「大人の流儀」』

『不器用でも愛される「自分ブランド」を磨く50の言葉』

『人生って、それに早く気づいた者勝ちなんだ!』

『挫折を乗り越えた人だけが口癖にする言葉』

『常識を破る勇気が道をひらく』

『読書をお金に換える技術』

『人生って、早く夢中になった者勝ちなんだ!』

『人生を愉快にする! 超・ロジカル思考』

『こんな大人になりたい!』

『器の大きい人は、人の見ていない時に真価を発揮する。』


〈PHP研究所〉

『「その他大勢のダメ社員」にならないために20代で知っておきたい100の言葉』

『好きなことだけして生きていけ』

『お金と人を引き寄せる50の法則』

『人と比べないで生きていけ』

『たった1人との出逢いで人生が変わる人、10000人と出逢っても何も起きない人』

『友だちをつくるな』

『バカなのにできるやつ、賢いのにできないやつ』

『持たないヤツほど、成功する!』

『その他大勢から抜け出し、超一流になるために知っておくべきこと』


〈藤田聖人〉

『図解「好きなこと」で夢をかなえる』

『仕事力をグーンと伸ばす20代の教科書』

『君のスキルは、お金になる』

『もう一度、仕事で会いたくなる人。』

『学校は負けに行く場所。』

『偏差値30からの企画塾』

『「このまま人生終わっちゃうの?」と諦めかけた時に向き合う本。』


〈マネジメント社〉

『継続的に売れるセールスパーソンの行動特性88』

『存続社長と潰す社長』

『尊敬される保険代理店』


〈三笠書房〉

『「大学時代」自分のために絶対やっておきたいこと』

『人は、恋愛でこそ磨かれる』

『仕事は好かれた分だけ、お金になる。』
『1万人との対話でわかった 人生が変わる100の口ぐせ』
『30歳になるまでに、「いい人」をやめなさい!』

〈リベラル社〉

『人生の9割は出逢いで決まる』
『「すぐやる」力で差をつけろ』

本作品は小社より二〇一五年六月に刊行されました。

千田琢哉（せんだ・たくや）
愛知県犬山市生まれ、岐阜県各務市育ち。
東北大学教育学部教育学科卒。日系損害保険会社本部、大手経営コンサルティング会社勤務を経て独立。コンサルティング会社では多くの業種業界における大型プロジェクトのリーダーとして戦略策定からその実行支援に至るまで陣頭指揮を執る。のべ3,300人のエグゼクティブと10,000人を超えるビジネスパーソンたちとの対話によって得た事実とそこで培った知恵を活かし、"タブーへの挑戦で、次代を創る"を自らのミッションとして執筆活動を行っている。
現在までの著書累計は270万部を超える（2017年10月現在）。
ホームページ：
http://www.senda-takuya.com/

だいわ文庫

孤独《こどく》になれば、道《みち》は拓《ひら》ける。

著者　千田《せんだ》琢哉《たくや》

二〇一七年一〇月一五日第一刷発行
二〇一九年一二月二五日第二刷発行
発行者　佐藤 靖
発行所　大和《だいわ》書房
東京都文京区関口一－三三－四　〒一一二－〇〇一四
電話　〇三－三二〇三－四五一一
フォーマットデザイン　鈴木成一デザイン室
本文デザイン　松好那名（matt's work）
本文印刷　シナノ
カバー印刷　山一印刷
製本　小泉製本
ISBN978-4-479-30674-0
乱丁本・落丁本はお取り替えいたします。
http://www.daiwashobo.co.jp